新編 生命の實相 第45巻

女性教育篇

母・妻・娘の聖書

上

谷口雅春

Masaharu Taniguchi

光明思想社

編者はしがき

本巻および次巻は「女性教育篇」である。谷口雅春先生はこれまで人生を光明化する人間観、人生観、生活観を説かれてきたが、本書はとくに女性のために、女性としての天分を明らかにし、家庭生活や人生を明るく調和せしめたものに導くために説かれている。

本書「はしがき」において、谷口雅春先生は次のように述べられている。

「人生は男性と女性とによって成《な》っているから、女性の天分が発揮せられないとき、人生は不幸となり暗黒となるほかはないのである。これを指導し輔導《ほどう》し育てて行《ゆ》くことは人生光明化の偉大なる仕事である」

本書の「はしがき」は、昭和十一年三月に創刊された『白鳩』誌の「創刊の辞」を加筆修正されたものである。それまでの女性運動といえば、男性の圧政に抗して社会的・政治的な権利を獲得するという女性解放の運動が主であった。しかし谷口雅春先生は、男性に対して反動するばかりの運動では、真の女性の光明化にはつながらないと説かれ、女性の天分である愛、美、純潔、調和、平和、優しさといった美徳を世界に推《お》し拡《ひろ》げていくために婦人運動(白鳩会)を創設されたのである。本書もまた、女性の天分の尊さとそれを家庭生活や人生にどのように現し出していくかについて説示されるなかで、男性による女性蔑視《べっし》からの解放、女性自らが抱《いだ》いている女性劣等感からの解放、人類の誤れる女性観からの解放へと導いている。まさしく女性への福音《ふくいん》の書であり、本篇が「母・妻・娘の聖書」と題されている所以《ゆえん》である。

多くの女性は、外で働いていないという経済的理由のために、また男性より責任ある地位に就《つ》いていないという社会的理由のために「能力がない」と蔑視される傾向がある。それが「女だから」という言葉に表れたり、良人《おっと》が「妻を養っている」という言葉に表れ、女性が男性よりも劣っているように感じるのである。そうした女性観は、何も男性に限ったものではなく、女性自らもまたその劣等感に陥《おちい》っているという。谷口雅春先生は、それは人類の誤れる迷妄《めいもう》であるとして次のように説かれる。

「女性が男性よりも劣っているのは、その資性《しせい》天分が劣っているのではなく、劣っているという『言《い》い慣《な》らわし』即ち言葉の力が禍《わざわ》いしていたのと、生活の責任をより多く男性が持っていて、女性に生活上の責任が置かれていなかったことが原因なのです。だから今後、言葉の力を浄《きよ》めて『女性は優れたり』ということにし、女性みずから進んで実際上に生活上の責任を負うことにすれば、女性の内に埋蔵されたる、驚くべき多量の天分はそこから発掘され、滾々《こんこん》として湧《わ》き出て来て、人生における男性との好《よ》い協力者となるでしょう」(三〇頁)

谷口雅春先生は、「家庭の婦人」は働いていないなどと決して軽蔑されるものではなく、給与さえもらわないで、掃除、洗濯、料理、育児などの仕事をしているのであって、それは神聖《しんせい》なる仕事であり純粋なる愛の奉仕であり、妻や母の生活は実に尊い働きであると説かれている。

婦人が社会に出て働くという場合にも、それは経済的に独り立ちして男性に楯突《たてつ》くためではなく、「自分の良人《おっと》に対する愛が、純粋に『愛そのもののための愛』であって、生活保証を得《う》るための手段的な不純分子を混入していないということを自分自身にハッキリさせるために必要」(七頁)であると説かれている。近年、女性の社会進出が叫ばれており、それは男女平等や男女格差の是正を掲《かか》げることであたかも女性が男性と同じ権利を得るようなことに終始してしまう感があるが、谷口雅春先生は、女性の天分である純粋な愛の発揚《はつよう》からであるべきと指摘されているのである。

また本書では、結婚前の女性や、そうした女性をもつ母親が、男性との幸福な結婚を得るための心の持ち方についても、第六章「結婚前の娘及び母への注意」、第七章「ダリアの花に題して」において説示されている。

谷口雅春先生は、人類の幸福を願うためには、ぜひとも「家庭」の中が幸福にならななければならないと説かれている。そして、家庭を幸福に導く鍵《かぎ》もまた女性が握っているという。

「家庭を幸福にする秘訣《ひけつ》は、良人《おっと》の顔を見るときの奥様の笑顔一つにあるのですよ。年頃の息子、娘が、親に背いて行《ゆ》くか行かないかも親の表情一つにあるのです」（七八頁）

妻であり母である女性の幸福な笑顔が、家庭を明るくし、良人《おっと》や子供を幸せにする原動力になるのである。谷口雅春先生は、このように家庭を光明化する秘訣について触れながら、次のように説示されている。

「家庭は二つの相異《あいこと》なる要素で維持されているものであります。その二つの要素とは、良人《おっと》と妻と、陽《よう》と陰《いん》とでありますから、そのどちらをも平等に価値を認めて互《たがい》に尊重し合うことにしたいと私は提議《ていぎ》するのであります。男性の働《はたらき》の尊さをここでは喋々《ちょうちょう》述べなかったのは、既に大《おお》いに主張され、既に大いに認められているからです。女性の働《はたらき》の尊さをここで喋々《ちょうちょう》力説したのは、それが概《おおむ》ね忘れられがちであるからです。かくし

て働《はたらき》は異《ことな》りながらも、陰陽《いんよう》平等に尊重されるとき、その家庭は本当に幸福になるのです」(四六頁)

本篇「女性教育篇」は女性が読むべき篇とされているが(著者「はしがき」)、男性も積極的に読んで頂きたい。なぜなら、女性の天分を生きることが真の女性の生き方であることを男性が本篇から汲み取ることができれば、男性もまた、男性の本分を生きることができるからである。男女とも本篇を熟読して頂きたい所以《ゆえん》である。

令和三年一月吉日

谷口雅春著作編纂委員会

はしがき

生命《せいめい》の在《あ》るところ必《かなら》ず道《みち》がある。生命《せいめい》とは道であるからである。それは一《いっ》切所《さいしょ》に充《み》ち満《み》ちているからコレだといって凝縮《ぎょうしゅく》して見《み》せ得《う》るような形《かたち》はない。しかし生命《せいめい》を吾々《われわれ》が宿《やど》しているとき、各々《おのおの》の生命《せいめい》の顕現《けんげん》の位置《いち》に従《したが》って、その道の顕《あらわ》れかたは異《こと》なる。亭々《ていてい》たる松《まつ》の樹《き》の伸《の》び方《かた》には松の木にあらわれたる生命《せいめい》の道がある。聱牙《ごうが》として盤屈《ばんくつ》する梅《うめ》の古木《こぼく》には梅の古木としての道がある。或《あるい》は絢爛《けんらん》なる桜《さくら》の花、或《あるい》は純潔《じゅんけつ》なる百合《ゆり》の花、或《あるい》は触《ふ》るれば散《ち》らんばかりの罌粟《けし》の花、或《あるい》は濃艶情趣《のうえんじょうしゅ》を滴《したた》らす牡丹《ぼたん》の花、皆《みな》それぞれに道

はしがき　愛蔵版第十五巻の「はしがき」。昭和十一年三月刊『白鳩』誌上の「創刊の辞」が後に『生命の實相』「女性教育篇」各版にも加筆を施して「はしがき」として掲載された

亭々　樹木などが高くまっすぐに伸びているさま

聱牙　難解なさま。ここでは、木が複雑に曲がっているさま

盤屈　曲がりくねること。蟠屈

罌粟　ケシ科の一、二年草。初夏に白、紫、紅や絞りなどの四弁花を開く

濃艶　あでやかで美しいこと

情趣　おもむき。しみじみとした味わい

がある。道《みち》は形《かたち》なく一《ひと》つなれども、その顕《あらわ》れは無限《むげん》である。男性《だんせい》には男性の道があり、女性《じょせい》には女性の道がある。ひっくるめて人《ひと》のみちを守ればそのままで人生《じんせい》は幸福《こうふく》だということは出来《でき》ないのである。人のみちも一つにして同《どう》時《じ》に多くに岐《わか》れているからである。私は既刊《きかん》の『生命《せいめい》の實相《じっそう》』に於《おい》て、男性にも女性にも子供《こども》にも大人《おとな》にも老人《ろうじん》にも当《あ》て嵌《は》まる総括的《そうかつてき》な人の道を説《と》いて来た。男性にも女性にも子供にも読まれるべき人生光明化《じんせいこうみょうか》の一般的教《いっぱんてきおしえ》に於《おい》ては特《とく》に女性のみに関《かん》する特殊《とくしゅ》の道を説くことが出来なかった。それを補《おぎな》うために出たのが本書第《ほんしょだい》十五巻《かん》である。本書に於《おい》ては特に女性のみに読まれる女性の道を説いたのである。人生は男性と女性とによって成《な》っているから、女性の天分《てんぶん》が発揮《はっき》せられないとき、人生は不幸《ふこう》となり暗黒《あんこく》となるほかはないのである。これを指導《しどう》し輔導《ほどう》し育てて行《ゆ》くことは人生光明化《じんせいこうみょうか》の偉大《いだい》なる仕《し》事《ごと》である。この意味《いみ》に於《おい》て吾《われ》らの女性光明化《じょせいこうみょうか》の機関誌《きかんし》『白鳩《しろはと》』を中心《ちゅうしん》に婦《ふ》人運動《じんうんどう》〝白鳩会《しろはとかい》〟が結集《けっしゅう》され、更《さら》に本書《ほんしょ》が世《よ》に出るということは意味《いみ》ある

『生命の實相』 著者の主著。昭和七年一月黒革表紙版が発行されてより各種各版が発行され、現在までに二千万部近くが発行されている

総括的 全般にわたるさま

天分 持って生まれた性質・才能

輔導 正しい方向にたすけ導くこと

『白鳩』 昭和十一年三月創刊。生長の家本部発行。生長の家婦人部「白鳩会」の機関誌として著者夫人の谷口輝子の誕生日に発行された

白鳩会 昭和十一年二月に全国組織として結成された生長の家婦人部。『生長の家』誌昭和十一年二月号に趣意と規約が発表された。総裁は著者夫妻であった

ことである。女性《じょせい》の天分《てんぶん》は、愛と美《び》と優《やさ》しさと純潔《じゅんけつ》とですぐれている。その意味《いみ》に於《おい》て、『白鳩《しろはと》』は女性のシンボルである。私はこの運動《うんどう》を女性に知《ち》識《しき》や教養《きょうよう》を与えるだけであったり、反動的《はんどうてき》に男性《だんせい》に対《たい》して、罵詈《ばり》や叫喚《きょうかん》をする運動の如《ごと》きに終《おわ》らせたくない。日本《にっぽん》に於《おい》て最初《さいしょ》に起《おこ》った真《しん》の女性光明《じょせいこうみょう》化《か》の(今迄《いままで》の女性運動《じょせいうんどう》のように男性の圧制《あっせい》に対する反動的ではない)目標《もくひょう》として、『白鳩』を女性的天分《じょせいてきてんぶん》の愛と美と調和《ちょうわ》と平和《へいわ》と優《やさ》しさとを拡大《かくだい》して行《ゆ》くシンボルたらしめたいのである。男性の専制《せんせい》に対して立《た》ち上《あが》っても、女性は真《しん》に幸福《こうふく》にはならないのである。吾《われ》らの使命《しめい》は女性がより多く女性であるが故《ゆえ》に、男性が専制になろうとしても専制になり得《え》ないような大調和《だいちょうわ》の世《せ》界《かい》の創造《そうぞう》にある。本書《ほんしょ》は主《しゅ》として昭和《しょうわ》十年及《ねんおよ》び十一年に花嫁学校《はなよめがっこう》の生徒《せいと》たちに話した講話《こうわ》の筆記《ひっき》である。

昭和十二年三月七日　初版序　昭和四十七年十一月一日　加筆

著者識《ちょしゃしるす》

反動的　ある動きに対して逆らって反対するような

罵詈　口ぎたなくののしること

叫喚　大声で叫んだりわめいたりすること

圧制　他人の言動を無理やりおさえつけること

専制　上に立つ人が勝手気ままに物事を処理すること

花嫁学校　昭和十年に東京の赤坂の生長の家本部内に開設された「家庭光明寮」。「家庭を光明化する婦人」を養成すべく創設された。平成九年に山梨県河口湖町に移設され、平成二十三年に閉校となった

初版　昭和十二年七月発行の黒布表紙版『生命の實相』第十五巻を指す

女性教育篇

母・妻・娘の聖書（上）

目次

第46巻・女性教育篇　母・妻・娘の聖書（下）

凡例

一、本全集は、昭和四十五年～昭和四十八年にわたって刊行された愛蔵版『生命の實相』全二十巻を底本とした。本書第四十五巻は、愛蔵版第十五巻『女性教育篇』を底本とした。

一、本文中、底本である愛蔵版とその他の各種各版の間で異同がある箇所は、頭注版、初版革表紙版、黒布表紙版等を参照しながら確定稿を定めた。

一、底本は正漢字・歴史的仮名遣いであるが、本全集は、一部例外を除き、常用漢字・現代仮名遣いに改めた。

一、現在、代名詞、接続詞、助詞等で使用する場合、ほとんど用いられない漢字は平仮名に改めた。

一、本文中、誤植の疑いがある箇所は、頭注版、初版革表紙版、黒布表紙版等各種各版を参照しながら適宜改めた。

一、本文中、語句の意味や内容に関して註釈が必要と思われる箇所は、頭注版を参照しつつ脚註として註を加えた。但し、底本の本文中に括弧で註がある場合は、例外を除き、その箇所のままとした。

一、聖書、仏典等の引用に関しては、明らかに原典と異なる箇所以外は底本のままとした。

一、頭注版『生命の實相』全四十巻が広く流布している現状に鑑み、本書の章見出し、小見出しの下の脚註部分に頭注版の同箇所の巻数・頁数を表示し、読者の便宜を図った。

一、本文と引用文との行間は、読み易さを考慮して通常よりも広くした。

一、本文中に出てくる書籍名、雑誌名はすべて二重カギに統一した。

女性教育篇

母・妻・娘の聖書(上)

第一章　女性《じょせい》の観点《かんてん》を一新《いっしん》せよ

頭注版㉙三頁

一、男性《だんせい》に頼《たよ》りすぎるな

頭注版㉙三頁

多くの女性の方《かた》は、生活《せいかつ》を男性に頼《たよ》り過《す》ぎていられます。男性に頼るな、と申《もう》しましたら、女尊男卑《じょそんだんぴ》になれとか、女性が生活を独立《どくりつ》させて男性に楯《たて》つ

女尊男卑　女性を男性より尊いとすること。「男尊女卑」に対する語

楯つく　目上の人などに対して逆らうこと

く如《ごと》くお考えになるならば、それは間違《まちがい》です。女性《じょせい》が経済生活《けいざいせいかつ》にいつでも独《どく》立《りつ》し得《う》るということは、女性が男性《だんせい》に戦《たたかい》を挑《いど》めよということではないのです。それは、女性よ、今《いま》よりも多く男性と愛それ自身《じしん》に於《おい》て(経済的理由《けいざいてきりゆう》でなしに)、伴侶《はんりょ》となれということです。女性に経済的能力《けいざいてきのうりょく》が独立《どくりつ》したら、女性が直《ただち》に男性に反逆《はんぎゃく》するように考えるのは、女性が現在《げんざい》男性に愛情《あいじょう》を示していることをば、女性に経済的能力がないが故《ゆえ》に、止《や》むを得《え》ず男性に愛情を示していると解釈《かいしゃく》していることになります。皆《みな》さんはその解釈では満足《まんぞく》せられますまい。

伴侶　ともに連れだってゆく仲間。主に夫婦の一方を指す

二、妻《つま》とは経済《けいざい》のために愛情を売る生活《せいかつ》ではない

頭注版㉙三頁

女性が彼女《かのじょ》みずからに経済的能力なきが故《ゆえ》に、男性に愛情を示していると考えるならば、女性は経済のために男性に愛情を売っているのだと承認《しょうにん》す

ることになるのです。これでは妻《つま》というものは経済《けいざい》のために愛情《あいじょう》を売る生《せい》活《かつ》――売笑婦《ばいしょうふ》の生活になってしまうのです。今《いま》でも経済生活《けいざいせいかつ》のために、女《じょ》性一人《せいひとり》では生活が心配《しんぱい》であるから、どこか男の家《いえ》に片附《かたづ》きたいと考えている女性がたくさんあるようです。しかし、これでは女性が女性みずからを侮辱《ぶじょく》し、女性みずからを縛《しば》っていることになるのです。「片附《かたづ》く」などというような言葉で、結婚《けっこん》することを呼《よ》ぶのも経済生活上《けいざいせいかつじょう》、娘《むすめ》を品物《しなもの》のように片附《かたづ》けようと一般世間《いっぱんせけん》が思っている心の反映《はんえい》です。

男性《だんせい》にとっての第《だい》一の幸福《こうふく》は、自分《じぶん》が女性の心を純粋《じゅんすい》に摑《つか》んでいるという自覚《じかく》です。妻である女性が、経済的《けいざいてき》な功利的観念《こうりてきかんねん》から、生活手段《せいかつしゅだん》として自分に愛情を示しているかも知れぬという疑《うたが》いのある程《ほど》、男性にとって不安《ふあん》な不愉快《ふゆかい》な家庭生活《かていせいかつ》はないのであります。家庭生活の長い期間《きかん》には、時偶《ときたま》、夫《ふう》婦喧嘩《ふげんか》をした時《とき》などには、「もし妾《わたし》の経済生活が独立《どくりつ》しているならば、こんな良人《おっと》には世話《せわ》にならないで、家《いえ》を飛出《とびだ》してしまうのに」とお考えになる奥《おく》

売笑婦　金銭で身を売る女性。娼婦。売春婦

功利的観念　利益や効果を第一とする考え

様《さま》もおありでしょう。飛出《とびだ》したくなっているのに、経済生活《けいざいせいかつ》が独立《どくりつ》していないために、止《や》むを得《え》ずに良人《おっと》に隷属《れいぞく》しているような奥様を有《も》っている良人《おっと》ほど不幸《ふこう》な者《もの》はありません。

隷属　他の者の支配をうけて言いなりになること

三、女性自身《じょせいじしん》を軽蔑《けいべつ》するな

頭注版㉙五頁

愛情《あいじょう》の故《ゆえ》にでなしに、経済《けいざい》の故《ゆえ》に婦人《ふじん》のところへ婿養子《むこようし》に行《ゆ》く男性《だんせい》があるならば、男性仲間《だんせいなかま》では、そんな男性を唾棄《だき》します。しかし、愛情の故《ゆえ》にでなしに、経済の故《ゆえ》に片附《かたづ》いて行《ゆ》く女性《じょせい》は世間《せけん》にあまりにも数多《あまた》あっても、女《じょ》性仲間《せいなかま》ではそんなに唾棄《だき》しないばかりか、当《あた》り前《まえ》のように思っているではありませんか。それだけに女性は女性自身を軽蔑し、女性自身を縛《しば》っているのです。女性はよき婿《むこ》がねを探《さが》すにも男性の経済的能力《けいざいてきのうりょく》を主《しゅ》にして、「あの人《ひと》は好《す》きな人だけれども、甲斐性《かいしょう》がないから」といって、配偶《はいぐう》の選択《せんたく》に、経済

唾棄　つばを吐き捨てるように、さげすむこと。軽蔑すること

婿がね　婿の候補者
甲斐性がない　ふがいない。頼りにならない
配偶　夫婦の一方から他方を指す言葉。つれあい

的能力の有無《うむ》を第《だい》一の標準《ひょうじゅん》にしているのは事実《じじつ》ではありませんか。

無論《むろん》、経済的能力《けいざいてきのうりょく》は人間《にんげん》に於《お》ける一《ひと》つの資格《しかく》です。それは男性《だんせい》を評価《ひょうか》する一つの基準《きじゅん》になるではありましょう。それを配偶選択《はいぐうせんたく》の一基準になさるのは合理的《ごうりてき》です。しかし経済的能力なき女性《じょせい》が経済的能力ある男性を良人《おっと》に選《えら》ぼうとするならば、娼婦《しょうふ》が「金《かね》のありそうな旦那《だんな》」を物色《ぶっしょく》するのと変《かわ》らないことになります。これは女性の自己侮辱《じこぶじょく》となり、自己自身《じこじしん》の本来《ほんらい》の尊貴《とうと》さを縛《しば》っていることになるのであります。不純《ふじゅん》な動機《どうき》でなしに経済的能力ある良人《おっと》を選択《せんたく》する資格《しかく》ある者《もの》は、先《ま》ず自分が経済的能力ある女性でなければなりますまい。

娼婦　売笑婦に同じ

物色　多くの中から人や物や事をさがすこと

四、愛そのもののための愛の生活《せいかつ》

ですから、女性は、経済的理由《けいざいてきりゆう》でなしに、ただ純粋《じゅんすい》な愛情《あいじょう》の故《ゆえ》に、男性

頭注版㉙六頁

を選択《せんたく》し、その男性《だんせい》と生涯《しょうがい》の伴侶《はんりょ》となろうとするには、女性自身《じょせいじしん》が先《ま》ずいざという時《とき》たちまち独立《ひとりだ》ち出来《でき》るほどの経済的《けいざいてき》にも能力《のうりょく》を持っていなければならないのです。女性《じょせい》が経済的能力《けいざいてきのうりょく》を握《にぎ》っている必要《ひつよう》は、決《けっ》して男に楯《たて》突《つ》くためでもなく、又《また》、必《かなら》ずしも、結婚後《けっこんご》、家庭《かてい》を出て社会《しゃかい》に働《はたら》けと言うわけでもなく、自分《じぶん》の良人《おっと》に対する愛が、純粋《じゅんすい》に「愛そのもののための愛」であって、生活保証《せいかつほしょう》を得《う》るための手段的《しゅだんてき》な不純分子《ふじゅんぶんし》を混入《こんにゅう》していないということを自分自身《じぶんじしん》にハッキリさせるために必要なのです。

夫婦関係《ふうふかんけい》が、女性側《じょせいがわ》に生活保証を得《う》るための経済的理由《けいざいてきりゆう》を混入している場《ば》合《あい》は、最初《さいしょ》は如何《いか》に「純粋な愛」によって結ばれた夫婦関係《ふうふかんけい》でありましても、そこに経済的従属関係《けいざいてきじゅうぞくかんけい》が出来上《できあが》り、男性は経済的に主人公《しゅじんこう》となり、女性はそれへの寄生的生活者《きせいてきせいかつしゃ》となって女性そのものが完全《かんぜん》な一個《こ》の独立人格《どくりつじんかく》たる自覚《じかく》を失《うしな》ってしまうことになるのであります。この「自覚の堕落《だらく》」こそ女性が自覚せずして、自己自身《じこじしん》の能力を縛《しば》っていることなのであります。

何故《なぜ》、女性《じょせい》が、産業的《さんぎょうてき》の知識《ちしき》を持ってはいけないのでしょうか。何故《なぜ》女性が政治的《せいじてき》の知識を持ってはいけないのでしょうか。何故《なぜ》女性は男性《だんせい》の経済《けいざい》能力《のうりょく》に寄生《きせい》していなければならないのでしょうか。何故《なぜ》女性は「家庭《かてい》」の中《なか》にのみ齷齪《あくせく》としていなければならないのでしょうか。

女性は家庭を守るものである。女性は、人生《じんせい》に於《お》いて家庭という一分野《ぶんや》を受《う》け持《も》つべきものであって、それは男性が人生に於《お》いて社会《しゃかい》という一分野を受持《うけも》っているのと同じことである。女性が金銭的収入《きんせんてきしゅうにゅう》を得《え》ないからとて、経済的《けいざいてき》能力《のうりょく》がないといって男性が女性を寄生視《きせいし》するのは間違《まちが》っているという説《せつ》もあります。

その説も理論《りろん》としては正しいと思います。しかし私は理窟《りくつ》を述《の》べているのではありません。多くの女性が男性の経済力《けいざいりょく》に寄生しているのは事実《じじつ》です。女性は家内《かない》にあって掃除《そうじ》し、洗濯《せんたく》し、裁縫《さいほう》し、料理《りょうり》し、育児《いくじ》をする。これも神聖《しんせい》なる仕事《しごと》であって、この神聖なる仕事に給料《きゅうりょう》をも貰《もら》わずに奉仕《ほうし》し

齷齪 心にゆとりがなく、せわしく物事を行うさま

ている妻《つま》の生活《せいかつ》、母の生活は実《じつ》に尊《とうと》い生活であります。誰《たれ》もそのことには異《い》論《ろん》をとなえる人《ひと》はありません。しかも尚《なお》、多くの女性《じょせい》が良人《おっと》の経済能力《けいざいのうりょく》をアテにしているのは事実《じじつ》なのです。これは女性の方々《かたがた》の心の中《なか》の問題《もんだい》で、御《ご》自分《じぶん》で振返《ふりかえ》って御覧《ごらん》になれば判《わか》ると思います。

五、教養《きょうよう》ある美《び》を獲得《かくとく》せよ

「生長《せいちょう》の家《いえ》」では良人《おっと》にせよ、誰《たれ》にせよ、他《ひと》をアテにするという心を嫌《きら》うのです。「智慧《ちえ》の言葉」にはみずから立てということが書いてあります。「良人《おっと》の収入《しゅうにゅう》で現在《げんざい》生活している」その事自体《ことじたい》が悪いというのではありません。良人《おっと》の収入を「アテにする心」そのものが女性の能力《のうりょく》を退歩《たいほ》せしめつつある事《こと》を指摘《してき》したいのです。女性が男性よりも能力が低いと考えるのは間違《まちがい》です。現在《げんざい》概《おおむ》ね女性が男性にくらべて（特殊《とくしゅ》の人《ひと》は別《べつ》として）能力が低

頭注版㉙七頁

「智慧の言葉」 真理を短文で書き表した著者の箴言集。本全集第三十四巻「聖語篇」に収録

いのは、今《いま》まであまりに女性《じょせい》が男性《だんせい》に凭《よ》りかかって生活《せいかつ》していた遺伝的産《いでんてきさん》物又《ぶつまた》は習慣的性質《しゅうかんてきせいしつ》なのです。杖《つえ》をついて歩く中風患者《ちゅうぶうかんじゃ》は、いつまでも、「真《まっ》直《すぐ》に立って歩く力《ちから》」を得《え》ないのです。杖《つえ》を捨《す》てる決心《けっしん》が出来《でき》たときに初《はじ》めて「真直《まっすぐ》に立って歩く力」を得《う》るのです。机《つくえ》に凭《よ》りかかる習慣《しゅうかん》を捨てない限《かぎ》り、その人《ひと》の前屈《まえこご》みの姿勢《しせい》は止《や》まないのです。凭《よ》りかかる習慣を捨てたとき、その人の姿勢は真直《まっすぐ》になるのです。

女性が男性に凭《よ》りかかる心を捨てたとき、女性的《じょせいてき》な嫋々《なよなよ》しい魅力《みりょく》がなくなるとあなたはお考えになるかも知れません。しかし凭《よ》りかかる中風患者《ちゅうぶうかんじゃ》や猫背《ねこぜ》の美は本当《ほんとう》の美ではないのです。それは病的《びょうてき》な美であって、本当の女《じょ》性美《せいび》ではありません。女性はひとりで街路《がいろ》を闊歩《かっぽ》しても、女性そのものの美《び》を失うわけではありません。「美《び》」そのものの本質《ほんしつ》は永遠的《えいえんてき》の存在《そんざい》ではありますが、時代《じだい》の推移《すいい》に従《したが》って顕《あらわ》れとしての女性美も進歩するのです。元禄《げんろく》娘《むすめ》のなよなよとした姿態《したい》の美《び》よりも、近代《きんだい》の男性は、もっと智的《ちてき》な美《び》を愛し

中風　脳卒中の後遺症である半身不随、手足の麻痺、言語障害などの症状

嫋々しい　力がなくて弱々しいさま。しなやかなさま

闊歩　大股で悠々と歩くこと。大いばりで思うままにふるまうこと

元禄娘　江戸元禄期の五代将軍綱吉の時代の華美な娘

姿態　体の線が作り出す外形。体つき

ます。教養《きょうよう》が明眸《めいぼう》に輝《かがや》いているような美《び》を愛するのです。内《うち》から生気《せいき》が輝いているような女性美《じょせいび》を愛するのです。どんなに眼鼻立《めはなだち》はすぐれていても無《む》知《ち》な表情《ひょうじょう》の女性《じょせい》は次第《しだい》に男性《だんせい》を魅《み》する力《ちから》はなくなりつつあります。男性の芸者《げいしゃ》に対《たい》する興味《きょうみ》が次第《しだい》に或《あ》る階級《かいきゅう》の女性に対する興味に転向《てんこう》しつつあるのは何《なに》を語るでしょうか。或《あ》る階級の女性も、知的教養《ちてききょうよう》のないものは次第《しだい》に落伍《らくご》し、高等教育《こうとうきょういく》を受けた者《もの》でないと興味を惹《ひ》かなくなるのではありますまいか。やがて全《すべ》ての男性は、媚《こび》を売ることにしか精神《せいしん》を働《はたら》かせない低い心の女性には興味を起《おこ》さなくなるに極《きま》っています。「肉体《にくたい》は心の影《かげ》」と申《もう》されている通《とお》り容貌《ようぼう》は心の姿《すがた》そのものを現《あらわ》しているのです。心に教養《きょうよう》がない時《とき》その人《ひと》の容貌は平浅低卑《へいせんていひ》な雰囲気《ふんいき》を与えるものとなるのです。「類《るい》は類を招《よ》ぶ」のですから、平浅低卑《へいせんていひ》な雰囲気《ふんいき》を漂《ただよ》わしている女性は、社会生活《しゃかいせいかつ》の競争状態《きょうそうじょうたい》に嫌《いや》でも応《おう》でも拍車《はくしゃ》をかけられて、次第《しだい》に教養高くなって行《ゆ》く男性の心の興味の的《まと》となることが出来《でき》なくなるに違《ちが》いありません。

明眸　澄んだ美しいひとみ。美人のたとえに言う

生気　いきいきとした力。活気

転向　立場や好みなどを変えること

落伍　集団などから脱落すること

媚を売る　なまめかしい態度を示して人に接すること

平浅低卑　薄っぺらで品性が低いこと。いやしいこと

「類は類を招ぶ」　波長の合うもの、似通ったものは自然と寄り集まること

拍車　乗馬靴のかかとに取り付けて馬の腹に当て、速く走らせる歯車状の金具。物事を速く進めさせるもの

六、男性《だんせい》の進歩《しんぽ》に遅《おく》れるな

男性は概《おおむ》ね一家《いっか》の経済的責任《けいざいてきせきにん》を負《お》わされている結果《けっか》、社会《しゃかい》の生存競争裡《せいぞんきょうそうり》に立って嫌《いや》でも応《おう》でも角逐《かくちく》しなければならない境遇《きょうぐう》です。従《したが》って常《つね》に新しき知識《ちしき》を吸収《きゅうしゅう》し、常に新しき工夫《くふう》を考えなければならず、精神《せいしん》が間断《かんだん》なく活動《かつどう》していますので、常に心は進歩しているのです。男性でも富豪《ふごう》の家《いえ》へ婿《むこ》に入《い》って、あまり安穏《あんのん》に泰平《たいへい》に暮《くら》している人々《ひとびと》は、精神的進歩《せいしんてきしんぽ》はありません。ですからもし家庭《かてい》の妻《つま》が一定《いってい》のところに停止《ていし》して、結婚後《けっこんご》少しも進まないとしたならば、良人《おっと》は進み、奥様《おくさま》は遅《おく》れるのですから、良人《おっと》の心は奥様の心と共鳴《きょうめい》しなくなるのは当然《とうぜん》です。女性よ、結婚後も常に進歩せよ！　これが永遠《えいえん》に妻が良人《おっと》の愛を失わない道《みち》なのです。

頭注版㉙九頁

生存競争裡　生存していくために競争し合う状況の中

角逐　互いに争うこと。競争

間断なく　絶え間なく

安穏　変わりがなく穏やかなさま

泰平　世の中が静かで平和なさま

七、女性《じょせい》にして目覚《めざ》めなければ浮《うか》ぶ瀬《せ》がない

家庭生活《かていせいかつ》が奥様《おくさま》にとってお気《き》の毒《どく》なことは、掃除《そうじ》、洗濯《せんたく》、炊事《すいじ》、裁縫等々《さいほうとうとう》——十年一日《じゅうねんいちじつ》の如《ごと》く進歩《しんぽ》なき生活《せいかつ》をしているということです。この単調《たんちょう》な毎日《まいにち》の繰返《くりかえ》しを、不足《ふそく》もいわずに喜《よろこ》んで立働《たちはたら》いていられる女性の犠牲的《ぎせいてき》生活《かつ》は敬服《けいふく》せねばならぬと思います。しかしそのために、男性《だんせい》が競争生活《きょうそうせいかつ》の必要上《ひつようじょう》、日《ひ》に日《ひ》に自己《じこ》の精神《せいしん》を進歩させているのに反《はん》して、女性は常《つね》に競《きょう》争《そう》なき無風地帯《むふうちたい》に生活していて、十年前《ねんぜん》も十年後《ねんご》も同じ料理《りょうり》や同じ裁縫ばかりをしており、そのほかに新しい教養《きょうよう》を加えないでいては奥様の精神の進歩のしようはないのです。一方《いっぽう》は進歩し、一方は進歩しなくなりますならば、夫婦間《ふうふかん》の精神的《せいしんてき》リズムの諧和《かいわ》というものが得《え》られなくなるのは当然《とうぜん》です。女性は人生《じんせい》の割の悪い半面《はんめん》(家庭生活《かていせいかつ》の雑事《ざつじ》)を受持《うけも》つ為《ため》に、精神が進歩

頭注版㉙一〇頁

浮ぶ瀬がない　逆境に沈んでそこから抜け出す機会がない

十年一日　長い年月の間ずっと同じ状態にあること

諧和　調子のととのった美しい音楽のように、調和すること

せず、男性《だんせい》は人生《じんせい》の割の良い半面《はんめん》を受持《うけも》った為《ため》に精神《せいしん》が進歩《しんぽ》した結果《けっか》、家庭《かてい》の奥様《おくさま》がやがて良人《おっと》から捨《す》てられて、他《た》の女に見代《みか》えられるということになったのでは女性《じょせい》は浮《うか》ぶ瀬《せ》がありますまい。

八、新しき工夫《くふう》は生命《せいめい》を生《い》かす

だから、私は申《もう》したいのです。女性よ、常《つね》に進歩せよと。男性に雁行《がんこう》して常に進歩せよと。掃除《そうじ》、洗濯《せんたく》、料理《りょうり》裁縫《さいほう》等《とう》の家庭的雑用《かていてきざつよう》に費《ついや》す時間《じかん》を出来《でき》るだけ切《き》り縮《ちぢ》める方法《ほうほう》を研究《けんきゅう》なさいと申したいのです。吾々《われわれ》誌友《しゆう》の婦人《ふじん》の会《かい》白鳩会《しろはとかい》でもこれらの家庭的雑事《かていてきざつじ》の処理法《しょりほう》についての講習会《こうしゅうかい》を続々《ぞくぞく》開く計画《けいかく》があるそうです。生長《せいちょう》の家《いえ》の花嫁学校《はなよめがっこう》ではそれらの問題《もんだい》を着々《ちゃくちゃく》研究して時代《じだい》に先立《さきだ》って家庭の事務《じむ》を簡捷《かんしょう》に手際《てぎわ》よく仕上《しあ》げる方法を教《おし》えることに努《つと》めています。この種《しゅ》の講習《こうしゅう》には出来るだけ短時間《たんじかん》で家庭の雑事を手際《てぎわ》よく

見代える　思う人を取り替えて他の人を思うこと

頭注版㉙一一頁

雁行　渡り鳥の雁(がん)のように斜めに並んで進むこと

誌友　狭くは月刊誌『生長の家』の読者を指し、広くは「生長の家」信徒を指す

簡捷　簡単ですばやいこと

やる意味《いみ》での指導《しどう》が加えられたいと私は希望《きぼう》するのです。例《たと》えば絹織袷《きぬおりあわせ》物の洗濯《せんたく》をするのに、一々《いちいち》ほどいて洗濯して、シンシ張《ば》りして再《ふたた》び縫《ぬ》い上《あ》げるとしたならば、一枚《まい》の袷《あわせ》物を仕立直《したてなお》すにも三日位《みっかくらい》はかかるでしょう。これを或《あ》る種《しゅ》の揮発油式洗濯法《きはつゆしきせんたくほう》を用《もち》いると、解《ほぐ》す世話《せわ》なく丸洗《まるあら》いして、数時間《すうじかん》のうちに幾枚《いくまい》でも新調《しんちょう》の衣服同様《いふくどうよう》仕上《しあが》る術《すべ》もあるそうです。百年一日《ひゃくねんいちじつ》の如《ごと》く同じ方法《ほうほう》を踏襲《とうしゅう》しているようなことでは女性《じょせい》の進歩《しんぽ》もなければ、家庭生活《かていせいかつ》の進歩もないのです。人生《じんせい》の雑用《ざつよう》は女性ばかりではありません。男性《だんせい》だとて、雇《やと》われて会社《かいしゃ》や官庁《かんちょう》の事務所《じむしょ》にいるときは、家庭内《かていない》の雑用にも劣《おと》らぬ単調《たんちょう》無味《むみ》な帳簿整理《ちょうぼせいり》などをしているのです。それだのに男性がより多く(概《がい》していって)進歩するのは、彼《かれ》は新しき工夫《くふう》と進歩とを考えてその地位《ちい》を躍進《やくしん》させようと考えているからです。女性も家庭の雑用をしながらにでも、新しき工夫と進歩とを考えれば、その精神《せいしん》や性格《せいかく》が進歩しないというはずはありません。又時間《またじかん》の上《うえ》からいっても新しき炊事法《すいじほう》、新しき洗濯法《せんたくほう》、新しき裁《さい》

あわせ　裏付きの和服

シンシ張り　和服の洗濯法の一つ。仕立てを解いて洗った布地を伸子(しんし)を使ってぴんと張って仕上げる方法

揮発油式洗濯法　ベンジンなどの溶剤を用いた洗濯法を指すと思われる

踏襲　今までのやり方をそのまま受けつぐこと

概して　大体において。一般に

縫術《ほうじゅつ》、新しき育児法《いくじほう》――それらが考案《こうあん》され、工夫《くふう》され、採用《さいよう》されるとき、女性《じょせい》の家庭《かてい》の雑用時間《ざつようじかん》は半減《はんげん》せられはしないでしょうか。そして雑用時間を半減しながら、良人《おっと》に雁行《がんこう》し得《う》るような自分《じぶん》の修養《しゅうよう》になる読書《とくしょ》や技芸《ぎげい》の練《れん》習《しゅう》や、趣味的教養《しゅみてききょうよう》やが出来《でき》るということはないでしょうか。そして女性が良人《おっと》の趣味《しゅみ》に調和《ちょうわ》するような新しい伴侶《はんりょ》となるとき、良人《おっと》の幸福《こうふく》は如何《いか》ばかりでありましょうぞ。男性《だんせい》は同性《どうせい》の友達《ともだち》も好《この》ましいが、異性《いせい》の友達を好むものです。裁縫《さいほう》と料理《りょうり》のことしか話の出来ない奥様《おくさま》を有《も》っているのは、良人《おっと》にとって淋《さび》しいことではありませんか。芸術《げいじゅつ》のことを話しても理解《りかい》がなし、美術《びじゅつ》のことを話しても理解がなし、政治経済《せいじけいざい》のことを話しても理解がないとすれば、良人《おっと》は勤《つと》め先《さき》から帰っても何《なに》も家内《かない》に話す話題《わだい》がないから、だんだん家庭《かてい》が面白《おもしろ》くなくなり、碁《ご》を打ちに往《い》ったり、麻雀《マージャン》に行《い》ったり、そのほか色々《いろいろ》の夜《よ》ふかしをするようになるのじゃありませんか。

修養　徳を培い、人格を高めるよう努めること

九、夫婦《ふうふ》いんようの道《みち》

絶《た》えず、女性《じょせい》よ進歩《しんぽ》せよ。そして絶えず良人《おっと》のよき伴侶《はんりょ》となれ。「ひとのみち」では夫婦いんようの道をどんなことがあっても毎日実行《まいにちじっこう》するように勧《すす》めているので、その教《おしえ》を肉体的《にくたいてき》に解釈《かいしゃく》して神経衰弱《しんけいすいじゃく》になっている人《ひと》もあるとききました。が、私は夫婦いんようの道とは肉体的なことではないと思うのです。肉体《にくたい》は本来《ほんらい》なく我《わ》が本体《ほんたい》は「心」だという生長《せいちょう》の家《いえ》の教《おしえ》に従《したが》いますと、夫婦のいんようの道とは、夫婦互《ふうふたがい》の「心」がまず交歓《こうかん》しなければならないのです。それだのに何《なに》を話しても理解《りかい》がなくて、夫婦互《ふうふたがい》の心が交《まじ》わらないとしましたら、肉体がまじわり合っても何《なん》の夫婦のまじわりでありましょうぞ。精神的《せいしんてき》に夫婦が仲《なか》よくまじわるには、良人《おっと》は事務所《じむしょ》のデスク仕事《しごと》、妻《つま》は家庭《かてい》の洗濯仕事《せんたくしごと》というふうに全然種類《ぜんぜんしゅるい》の異《ちが》う仕事《しごと》を分担《ぶんたん》しているだけで

頭注版㉙一三頁

いんようの道　陰陽の道。男と女、火と水など相対する陰と陽とが結び合って万物が生成されること

「ひとのみち」　大正五年に御木徳一が御嶽教徳光大教会として立教し、昭和六年に扶桑教ひとのみち教会と改称。昭和十二年に不敬罪で解散を命じられる。昭和二十一年、徳一の長男徳近がPL教団（パーフェクトリバティ教団）として復興させた

神経衰弱　心身過労などを誘因として神経系統の働きが低下し、神経過敏・脱力感・不眠などの症状を呈する疾患。アメリカの医師G・M・ビアードが一八八〇年に初めて用いた用語

交歓　互いにうちとけて楽しむこと

は、互《たがい》の精神《せいしん》は全然別方面《ぜんぜんべつほうめん》に働《はたら》いて交《まじわ》ることは出来《でき》ないのです。これには夫《ふ》妻《さい》が互《たがい》に共通的《きょうつうてき》の事物《じぶつ》に精神的《せいしんてき》の興味《きょうみ》を持つことが必要《ひつよう》なのです。夫《おっと》が事務《じむ》所《しょ》から帰って来たのち、妻《つま》は同じ仕事《しごと》や同じ趣味《しゅみ》について話すことが出来なければならないし、外《そと》へ出掛《でか》けるにしましても、夫婦常《ふうふつね》に同伴《どうはん》して同じ興味を有《も》ったところへ出掛けるようにしたいものです。

十、常に花嫁《はなよめ》である心掛《こころが》け

新婚当時《しんこんとうじ》はどこへ外出《がいしゅつ》するにも夫婦同伴《ふうふどうはん》で外出した夫妻が、しばらくすると、良人《おっと》ばかりが単独《たんどく》で外出するようになるのは変《へん》ではありませんか。それは何《なに》か一緒《いっしょ》に外出しても物足《ものた》りないところが妻に出来て来《き》た証拠《しょうこ》ではありませんか。新しいものは何人《なんぴと》の興味をも惹《ひ》くのです。旧《ふる》くなると興味を惹《ひ》かなくなるものです。常に進歩《しんぽ》する妻は常に新しい妻です。妻が良人《おっと》の興味を惹《ひ》かなくなるのは、妻《つま》が常《つね》に進歩《しんぽ》していないからです。常に進歩する妻は常に花嫁《はなよめ》なのです。良人《おっと》は常にそういう妻に新しい魅惑《みわく》を感《かん》ずるでしょう。そこにこそ永遠《えいえん》に若々《わかわか》しく甦《よみ》がえる新家庭《しんかてい》があるのです。

良人《おっと》と共《とも》に進歩し、良人《おっと》と共に新しくなるといっても、必《かなら》ずしも男性的仕《だんせいてきし》事《ごと》に進出《しんしゅつ》せよという意味《いみ》ではありません。すべての女性《じょせい》よ、生温《なまぬる》い勉強《べんきょう》を止《や》めよ。書物《しょもつ》を読むなら雑駁《ざっぱく》な雑誌《ざっし》に暇《ひま》をつぶすことなく、纏《まとま》ったものを読まれよ。グングン進んで「一《ひと》つのもの」の中心《ちゅうしん》まで摑《つか》んで行《ゆ》かれよ。例《たと》えば生花《いけばな》を習うならば生花《いけばな》の奥《おく》の奥の神髄《しんずい》まで摑《つか》んで行《ゆ》かれよ。生花《いけばな》の神髄をつかめば芝居《しばい》を見ても本当《ほんとう》の批評《ひひょう》が出来《でき》るのです。絵を見ても本当の批評が出来るのです。そこまで生花《いけばな》でも中心を摑《つか》んでおけば、又《また》いつ社会《しゃかい》に飛び出しても経済的能力《けいざいてきのうりょく》があり得《う》るのです。かかる女性は家庭《かてい》にいても男性《だんせい》の寄《き》生《せい》ではありません。かくてこそ純愛《じゅんあい》によって結ばれた夫婦《ふうふ》となり得《う》るのです。私は「男性」を生活《せいかつ》して、そして「女性」の批評が出来るのです。いず

雑駁　雑然としていてまとまりがないこと

神髄　最も重要で奥深いことがら。真髄

かくてこそ　こうであってこそ

れでも一《ひと》つに徹底《てってい》さえすれば、全《すべ》てが出来《でき》るのです。芝居《しばい》を見たことなしにでも私のように脚本《きゃくほん》が書けるのです。すべての女性《じょせい》よ、何《なん》にでも奥《おく》の奥まで摑《つか》む熱意《ねつい》をもって生活《せいかつ》せられよ。熱意のある所《ところ》には「永遠《えいえん》に若返《わかがえ》る泉《いずみ》」があるのです。家庭《かてい》の雑用《ざつよう》の時間《じかん》の節約《せつやく》も自然《しぜん》に出来てまいります。新しい工《く》夫《ふう》も絶《た》えず生《うま》れて来《く》るのです。絶えずその女性は新鮮《しんせん》であるために老いないのです。絶えずその女性は新夫人《しんふじん》として永遠に良人《おっと》の光《ひかり》であり、良人《おっと》の伴侶《はんりょ》である生活が出来るのです。ここに於《おい》て妻《つま》の道全《みちまった》く、ここに於《おい》て人《ひと》のみち全《まった》く、ここに於《おい》て夫婦《ふうふ》の道全《まった》くなるのです。

全く 完全に

第二章　「女だから」という言葉

頭注版㉙一六頁

一、女性《じょせい》を言葉で折伏《しゃくぶく》するな

男性《だんせい》にくらべて女性の発達《はったつ》を妨《さまた》げたのは、在来《ざいらい》の日本人《にっぽんじん》の話の習慣《しゅうかん》が、子供《こども》のときから、女の子供に対《たい》しては「あなたは女だから温順《おとな》しくしていな

頭注版㉙一六頁

折伏　仏教語。相手の誤りを指摘して屈服させる導き方。相手の立場を認めて導く「摂受(しょうじゅ)」の対義語

在来　これまであった

ければなりませんよ」「女だからとても男に及《およ》ばないですよ」「女だから、そんな大きなことを望《のぞ》んではなりませんよ」というふうに、言葉の力《ちから》によって、「女は弱い者《もの》である」という潜在意識《せんざいいしき》を植えつけたに因《よ》ることが甚《はなは》だ多いと思います。「弱き者よ、汝《なんじ》の名は女なり」などという諺《ことわざ》もあり、仏教《ぶっきょう》では女人成仏不可能《にょにんじょうぶつふかのう》となっており、キリスト教《きょう》でも蛇《へび》にだまされて男を罪《つみ》に誘惑《ゆうわく》したのはイヴという女であったということになっております。『法華《ほけ》経《きょう》』には龍女《りゅうじょ》の成仏《じょうぶつ》が説《と》かれていますが、それも男に変身《へんしん》してからでないと成仏していません。全世界《ぜんせかい》の人類《じんるい》の潜在意識は女性は男性《だんせい》よりも劣《おと》っているということを肯定《こうてい》していたのです。そんな女性折伏《じょせいしゃくぶく》の念力《ねんりき》のもとにいて、尚且《なおか》つ女性は相当《そうとう》に発達《はったつ》して来ました。もし、この女性折伏《じょせいしゃくぶく》の言葉の力、思念《しねん》の力がなかったら、おそらく女性の発達は今日《こんにち》に於《おい》て男性を遥《はる》かに凌駕《りょうが》していたかも知れません。

潜在意識　人間の意識のうち、自覚を伴わないが心の奥底に潜んでいる意識。全意識の九十五パーセントを占め、人間の行動のほとんどはこの影響を受けているとされる。本全集第十一巻「精神分析篇」参照

「弱き者よ、…」　シェイクスピアの戯曲『ハムレット』に出てくる主人公ハムレットの独白の言葉。坪内逍遥の邦訳によって諺として定着した

仏教　世界三大宗教の一つ。紀元前五世紀頃、釈迦がインドで説いた教え。日本には六世紀中期に伝来した

女人成仏　仏教語。女性が悟りを開いて仏となること。女性はけがれが多く、困難だとされてきた

二、女性劣等感《じょせいれっとうかん》を植附《うえつ》ける言葉を避《さ》けよ

子供《こども》を育てるに当《あた》っては、これを「神の子」として育てるべきものであって、「女の子」「男の子」として育てるべきものではありません。「あなたは女の子だから……」と申《もう》しますと、その言葉の中《なか》には既《すで》に暗黙《あんもく》の裡《うち》に「能《のう》力低劣者《りょくていれつしゃ》」だとか「弱者《じゃくしゃ》」だとかという女性折伏《じょせいしゃくぶく》の意味《いみ》が含《ふく》まれたものとなります。言う人《ひと》がそういうつもりでなかったにしても、長年月《ちょうねんげつ》にわたって、人類《じんるい》は女性《じょせい》という言葉によって「低劣者《ていれつしゃ》」だとか「弱者」だとかを意味し来《きた》ったのですから、そういう意味が人類の潜在意識内容《せんざいいしきないよう》に蓄積《ちくせき》されている為《ため》に、一言《ひとこと》「あなたは女だから……」とさえいえば、その次《つぎ》の言葉はいわずとも、「弱い」とか「能力が低い」とかを言外《げんがい》に含ませていることになるのです。ですから、吾々《われわれ》白鳩会の同人《どうにん》は、出来《でき》るだけ人類の潜在意識内容か

キリスト教　ユダヤ教を母体としてパレスチナに興る。世界三大宗教の一つ。唯一絶対の神を奉じ、現在に至るまで欧米文化の基盤をなしている。イエス・キリストが始祖

『法華経』　『妙法蓮華経』の略。大乗経典中最も高遠な教えが説かれているとされる

龍女　『法華経』「提婆品」に記された龍宮の龍王の娘。八歳で悟りを開き、釈尊の前で男子に変成して成仏した

凌駕　他をしのいでその上に出ること

頭注版㉙一七頁

暗黙　口に出さずに黙っていること

低劣者　程度が低くて劣っている人

言外　直接言葉で言い表していない部分

同人　同じ趣味や志を持つ人

ら、「女性《じょせい》は弱い」「女性は劣《おと》る」などという旧来《きゅうらい》の観念《かんねん》を打破《だは》するように努《つと》めると同時《どうじ》に、まだ「女性は劣る」の観念が人類《じんるい》の潜在意識《せんざいいしき》のどこかに潜《ひそ》んでいる限《かぎ》りは、子供《こども》に対《たい》して、「あなたは女の子だから……」といって劣《れっ》等感《とうかん》を植えつけるような育てかたから絶対《ぜったい》に避《さ》けるようにしなければなりません。

旧来　以前から。従来

打破　うち負かすこと。また、悪習や障害を取り除くこと

三、少女時代《しょうじょじだい》に女扱《おんなあつか》いするな

女性は男性《だんせい》と対立《たいりつ》して、一個《こ》の配偶《はいぐう》としての役割《やくわり》を演《えん》ずるようになるまでに於《お》いて、その少女時代に強《し》いて女性扱《じょせいあつか》いする必要《ひつよう》はございません。「汝《なんじ》は女性なり」として周囲《しゅうい》の精神的干渉《せいしんてきかんしょう》又《また》は影響《えいきょう》が加わることが早ければ早いほど、その子供は「人間《にんげん》」としての成長《せいちょう》を万遍《まんべん》なく偏《かたよ》らずに遂《と》げるまでに、女性としての偏った発達《はったつ》をしようという傾向《けいこう》が増大《ぞうだい》し、その全人的平等教《ぜんじんてきびょうどうきょう》

頭注版㉙一八頁

育《いく》を妨《さまた》げることになり、その人《ひと》をして完全《かんぜん》な平等《びょうどう》な発達《はったつ》をさせなくなります。その上《うえ》、「あなたは女性《じょせい》だ女性だ」ということを言葉によって強調《きょうちょう》せられますと、「汝《なんじ》は劣《おと》る」の随伴的観念《ずいはんてきかんねん》の影響《えいきょう》を受けて、その人の発達を一層《いっそう》遅《おそ》くしてしまうことになるのであります。

四、生物学上《せいぶつがくじょう》の女性中心説《じょせいちゅうしんせつ》

動物学者《どうぶつがくしゃ》の説《せつ》によりますと、蜜蜂《みつばち》は最《もっと》も栄養《えいよう》の多い部分《ぶぶん》に産卵《さんらん》した卵《たまご》が孵化《ふか》して女王《じょおう》となるといいます。或《あ》る医学者《いがくしゃ》は、母体《ぼたい》が栄養不足《えいようふそく》の時《とき》は男の子を産《う》み、栄養《えいよう》が充分《じゅうぶん》である時は女の子を産むと申《もう》します。又《また》ある統計学者《とうけいがくしゃ》は、男性《だんせい》よりも女性の方《ほう》に高齢者《こうれいしゃ》が多いと申します。幼年期《ようねんき》に於《お》いても女性は男性よりも育《そだ》ち易《やす》く、その死亡率《しぼうりつ》は女児《じょじ》が男児《だんじ》よりも少《すく》いのであります。その気質《きしつ》からいっても幼年期は男の子は気むずかしやが多く、女の子は快活《かいかつ》で

随伴的　ある物事に伴って起こること

頭注版㉙一八頁

気質　気だて。気性
快活　朗らかで、元気のよいさま

あり、動作《どうさ》も却《かえ》って敏速《びんそく》なのが多いのです。どこから見ても女性《じょせい》はむしろ男《だん》性《せい》よりも大自然《だいしぜん》から一層《いっそう》多くをめぐまれているのです。それだのに、長《ちょう》ずるに従《したが》って女性の能力《のうりょく》は概《がい》して男性の能力に及《およ》ばなくなり、社会的《しゃかいてき》に知名《ちめい》な活動者《かつどうしゃ》が女性に少《すく》なって行《ゆ》くのは、「女性は劣《おと》る」の社会的通念《しゃかいてきつうねん》の念力《ねんりき》が作用《さよう》しているのと、人々皆《ひとびとみな》いうところの「あなたは女だから……」という言葉に含《ふく》まれる劣等感《れっとうかん》によって、自己《じこ》の能力の発現《はつげん》を自己みずから制限《せいげん》し、無《む》限《げん》の能力は神から生みつけられながらも、「これは女のすべきことではない」と遠慮《えんりょ》がちに後退《こうたい》していられる結果《けっか》、能力が宝《たから》の持《も》ち腐《ぐさ》れとなっている場合《ばあい》が大変《たいへん》多いのです。これは誠《まこと》に遺憾《いかん》なことです。

五、女性が男性に優《まさ》る実例《じつれい》

女性に神が与えたところの能力を発現する機会《きかい》を、男性と同等《どうとう》に与えたな

敏速　すばやいこと

長ずる　育つ。大人になる

知名　世間に名が知れわたっていること

発現　あらわれ出ること

遺憾　心残り。残念

頭注版㉙一九頁

らば、多くの場合《ばあい》に於《おい》て女性《じょせい》の働《はたら》きは男性《だんせい》を凌駕致《りょうがいた》します。或《あるい》は凌駕《りょうが》しないまでも同等《どうとう》の地位《ちい》を占《し》めることは出来《でき》ます。新聞《しんぶん》に出る「毒薬心中《どくやくしんじゅう》」の三面記事《めんきじ》に心中《しんじゅう》し損《そこな》って残っていて生《い》き恥《はじ》を晒《さら》しているのは大抵《たいてい》男の側《がわ》です。毒薬心中《どくやくしんじゅう》をしても女はグッと極量《きょくりょう》まで大胆《だいたん》に毒薬《どくやく》を嚥《の》みほすのです。男はどうかすると、それ程《ほど》の勇気《ゆうき》が出ないで遠慮《えんりょ》がちに毒薬を嚥《の》んでおくらしいのです。女性は平生《へいぜい》弱いように見えていても、イザというときにはグッと胆《きも》が据《すわ》るのです。もうその時《とき》には女性は「死」などを恐《おそ》れていません。恐れて逃《に》げるのは多くの場合《ばあい》男なのです。（全《すべ》ての男ではありません。）安《あん》珍《ちん》は逃げたのです。清姫《きよひめ》は追《お》いかけたのです。久松《ひさまつ》は覚悟《かくご》が決まらぬ、お染《そめ》は覚悟がきまっていたのです。女性はイザというときには、死を超《こ》えて、ただ目的物《もくてきぶつ》だけを見ている。男性はイザという時にも、目的物のほかに何《なに》かを右顧左眄《うこさべん》しやすいようです。手術台上《しゅじゅつだいじょう》で眉根《まゆね》一《ひと》つ動かさないのは女性に多いのです。手術台上でメスを当てない中《うち》に脳貧血《のうひんけつ》を起《おこ》すのは男性に多いの

三面記事　新聞が四面構成だった当時、第三面が社会面だったことから、社会的事件等の記事を指す

極量　劇薬や毒薬を一回に摂取できる最大限の分量

平生　ふだん

肝が据る　落ち着いていてめったなことには驚かない。度胸がある

安珍・清姫　和歌山県にある道成寺の伝説の主人公。修行僧安珍への求婚を退けられた清姫が、蛇となって安珍を追いかけて、道成寺の鐘の中に逃げ込んだ安珍をその鐘に巻き付いて焼き殺したという話

久松・お染　浄瑠璃や歌舞伎の主人公の名。大坂瓦屋橋油屋の丁稚(でっち)の久松が主家の娘お染と心中する話

右顧左眄　右を見たり左を見たりして、ためらうこと

です。私は生長《せいちょう》の家《いえ》の教化運動《きょうかうんどう》にたずさわっていますが、多くの男のかたは、自分《じぶん》が現《げん》に『生命《せいめい》の實相《じっそう》』を読んで病気《びょうき》も治《なお》り救《すく》われていながら、本を読んで病気が治《なお》ったり救われたなどと発表《はっぴょう》すると世間《せけん》の人《ひと》から何《なん》とか思われやしないかと思って躊躇《ちゅうちょ》している方《かた》が多いようです。女性《じょせい》の方《かた》は、その点《てん》は勇敢《ゆうかん》なもので白鳩会《しろはとかい》が結成《けっせい》せられてからの、その活動振《かつどうぶ》りは素晴《すば》しいものです。女性会員《じょせいかいいん》の運動《うんどう》の旺《さか》んなところほどその地方光明化《ちほうこうみょうか》の実《じつ》があがっているのです。

六、女性は路頭《ろとう》に迷《まよ》わぬ

女性は路頭に迷うか——無論《むろん》迷う人もあります。女性は就職難《しゅうしょくなん》でくるしむか——無論苦しむ人もあります。しかし、大抵《たいてい》の女性は良人《おっと》に死別《しにわか》れても路頭に迷いは致《いた》しません。中《なか》には売笑婦《ばいしょうふ》になったりする人もありますが、

脳貧血　脳の血液循環量が急激に減少した状態。冷や汗やめまいなどの症状を呈し、一時的に意識を失うこともある

躊躇　決心がつかずにためらうこと

頭注版㉙二〇頁

路頭に迷う　生活の手段がなくなったり、急に住む家がなくなったりして途方にくれること

それは極《きわ》めて少数《しょうすう》の若い人達《ひとたち》だけのことです。だから女性《じょせい》が就職難《しゅうしょくなん》に苦しまず、路頭《ろとう》に迷《まよ》わないのは女性は色《いろ》を売ることが出来《でき》るからだとは申《もう》せません。中年以後《ちゅうねんいご》に良人《おっと》に死《し》わかれ、寄《よ》る辺《べ》なき小舟《おぶね》のように打《う》ち挫《ひし》がれた一婦人《ふじん》が、しかも今迄《いままで》良人《おっと》の手に頼《たよ》り切《き》っていて、マサカの時《とき》に人生《じんせい》に出て何《なに》を働《はたら》いて好《よ》いか生活《せいかつ》の道《みち》を習《なら》って来《き》た事《こと》のない婦人でありながら、良人《おっと》の死《し》後《ご》、自分《じぶん》に振《ふ》りかかる責任感《せきにんかん》に突然埋蔵《とつぜんまいぞう》せられていた勇気《ゆうき》を振《ふ》り起《おこ》し、職《しょく》を習《なら》い職を求め、自分の子供《こども》を大学《だいがく》まで卒業《そつぎょう》させたような婦人の実例《じつれい》は世間《せけん》にたくさんあります。これを自分ひとりが生活出来ないといって呟《つぶや》いている大学卒業《だいがくそつぎょう》の有髯男子《ゆうぜんだんし》に比べると、「女というものは実《じつ》に偉《えら》いものだなア」との感《かん》を深くするのです。

色を売る　売春をすること

寄る辺ない　身を寄せるところがない

有髯男子　ひげを生やした一人前の男性

七、劣《おと》っているのは引出《ひきだ》さぬから

だから、女性《じょせい》が男性《だんせい》よりも劣っているのは、その資性天分《しせいてんぶん》が劣っているのではなく、劣っているという「言《い》い慣《な》らわし」即《すなわ》ち言葉の力《ちから》が禍《わざわ》いしていたのと、生活《せいかつ》の責任《せきにん》をより多く男性《だんせい》が持っていて、女性に生活上《せいかつじょう》の責任が置《お》かれていなかったことが原因《げんいん》なのです。だから今後《こんご》、言葉の力を浄《きよ》めて「女性は優《すぐ》れたり」ということにし、女性みずから進んで実際上《じっさいじょう》に生活上の責任を負《お》うことにすれば、女性の内《うち》に埋蔵《まいぞう》されたる、驚《おどろ》くべき多量《たりょう》の天分《てんぶん》はそこから発掘《はっくつ》され、滾々《こんこん》として湧《わ》き出《で》て来《き》て、人生《じんせい》における男性との好《よ》い協《きょう》力者《りょくしゃ》となるでしょう。責任こそ能力《のうりょく》の母なのです。

頭注版㉙二一頁

資性　生まれつきの才能や性質。天性

滾々　水などが尽きることなくさかんに湧き出るさま

八、子供《こども》は神が育てる

行《ゆ》き届《とど》いて丁寧《ていねい》な性質《せいしつ》、何《なん》によらず深切《しんせつ》な思いやり、その愛情《あいじょう》こまやかな資性《しせい》――それらは成《な》る程女性《ほどじょせい》の天分《てんぶん》です。それであるからとて、女性の天分は内《うち》に在《あ》り、内《うち》で子供の世話《せわ》をしているだけで好《よ》いというのは間違《まちが》っています。子供が一人《ひとり》でも生《う》れますと、日本《わがくに》の女性は「子供がいるので、世話がかかって何《なに》も出来《でき》ません」と言いがちですが、これは母親《ははおや》となったその人《ひと》が自分《じぶん》の愚《おろか》さを表白《ひょうはく》しているに過《す》ぎません。その婦人《ふじん》は、「子供は神が育てる」ということを知らないのです。「子供は神が育てる」ということが判《わか》ったならば、授乳時間以外《じゅにゅうじかんいがい》は母親は決《けっ》して子供の張《は》り番《ばん》をしている必要《ひつよう》はないのです。神経質《しんけいしつ》に子供の張り番をしている母親の子供ほど弱く育ちます。母親の心配の念力《ねんりき》がその子供に纏《まつわ》って、発育《はついく》を妨《さまた》げる咒《のろ》いとなるのです。母

頭注版㉙一二二頁

表白　考えや心情を言葉で表すこと

張り番　見張って番をすること。また、その人

親がどんなに心配したとて、手でもって子供の心臓を動かしてやることは出来《でき》ないのです。これを動かすのは神様《かみさま》です。では授乳時間《じゅにゅうじかん》のほかは全《すべ》てを神に打ちまかせて、家の仕事《しごと》を、自分《じぶん》の仕事を、良人《おっと》の仕事をズンズン片附《かたづ》けるが好《よ》いのです。そこから自分の教養《きょうよう》のための時間《じかん》が出来てまいります。子供のときから親《おや》があまり何事《なにごと》でも手伝《てつだ》ってやる習慣《しゅうかん》のついた子供は、神経質《しんけいしつ》で意志薄弱《いしはくじゃく》、依頼心《いらいしん》が強く、我儘《わがまま》で持続性《じぞくせい》が乏《とぼ》しく、困難《こんなん》に遇《あ》ったら直《す》ぐ崩折《くずお》れてしまうような柔弱《にゅうじゃく》な子供になってしまいます。育児《いくじ》のことについては又次《またつぎ》の機会《きかい》に申《もう》しましょう。

意志薄弱 やりとげようとする気持ちに欠けるさま。自分で決断を下せないさま
柔弱 体が弱く、精神がひよわなこと

第三章　妻《つま》を「養《やしな》う」という言葉

頭注版㉙二四頁

一、相連《あいつらな》って完全《かんぜん》となるのが夫婦《ふうふ》

頭注版㉙二四頁

良人《おっと》の半身《はんしん》は妻であり、妻の半身は良人《おっと》であります。日本《にっぽん》では良人《おっと》または夫人《ふじん》のことをどちらも「ツマ」と申《もう》します。「ツマ」の「ツ」は繫《つな》がる、続《つづ》く、連《つらな》る、継《つ》ぐ等《とう》の語源《ごげん》をなしているもので、二《ふた》つのものが相寄《あいよ》り相連《あいつらな》ることをいうのです。そして「ツマ」の「マ」は誠《まこと》、真《まこと》、円《まるい》、完全《まったし》などの「マ」で、円満完全《えんまんかんぜん》であって欠くるところなきことを意味《いみ》しています。ですから「ツマ」とは良人《おっと》と夫人《ふじん》とが相寄《あいよ》り相《あい》結び合って、一《ひと》つの完全《かんぜん》なものになることを意味しているのです。独身《どくしん》ではまだ完全というわけには行《ゆ》かないのです。だから「生長《せいちょう》の家《いえ》」では個人《こじん》を単位《たんい》とせずに家庭《かてい》を単位にしています。即《すなわ》ち「生長の人《ひと》」といわずに「生長の家」といっているのです。病気《びょうき》が治《なお》るのでも、個人に直接療術《ちょくせつりょうじゅつ》を施《ほどこ》さないで、家人相互《かじんそうご》の心持《こころもち》を治《なお》すように導《みちび》けば病気が治《なお》るのです。無論《むろん》独身の人《ひと》でも一家《いっか》を持つことも出来《でき》れば一個《こ》の「完全人《かんぜんじん》」としての生活《せいかつ》を営《いとな》むことも出来ます。しかしそれは自然《しぜん》のままの完全な生活とはいえません。本来《ほんらい》二つの揃《そろ》っているべきものの一方《いっぽう》が、何《なに》かの事情《じじょう》で揃《そろ》わないために、一方で両方《りょうほう》の作用《はたらき》をしているのです。それはあたかも、一方の腎臓摘出後《じんぞうてきしゅつご》に他方《たほう》の腎臓が拡張《かくちょう》して、一個《こ》で両方

療術　民間療法などによる治療法

あたかも　ちょうど

の作用《はたらき》を営《いとな》んでいるようなものなのです。夫婦《ふうふ》揃《そろ》わない家庭《かてい》、父母《ふぼ》揃《そろ》わない家庭には、陰陽《いんよう》の調和《ちょうわ》が欠《か》けていて何《なん》となく霑《うるお》いがありません。

頭注版㉙二五頁

二、働《はたら》くとは良人《おっと》ばかりか

このように夫婦は一家《いっか》を完全《かんぜん》に構成《こうせい》するために欠くべからざる要素《ようそ》なのです。夫婦には分担《ぶんたん》があり、一家に於《おい》てその受持《うけも》つべき役割《やくわり》は異《ことな》っています。外《そと》から収入《しゅうにゅう》を運んで来るのは概《おおむ》ね良人《おっと》であり、それを、料理費《りょうりひ》に、住宅費《じゅうたくひ》に、被服費《ひふくひ》に、消費《しょうひ》するのは夫人《ふじん》の役目《やくめ》であるように考えられています。或《あ》る家庭ではその逆《ぎゃく》が行《おこな》われ、或《あ》る家庭では夫婦共稼《ともかせ》ぎに外から収入を運んで来るために、それを消費するのは家政婦《かせいふ》や女中《じょちゅう》であったりすることがありますが、これは大多数《だいたすう》の家庭ではありませんから、今《いま》しばらく考えないことに致《いた》します。

家政婦　主として個人の家庭に雇われて家事をする女性
女中　お手伝いさんの旧称

さて、良人《おっと》は働いて収入《しゅうにゅう》を持《も》って来《き》、夫人《ふじん》はその収入を消費《しょうひ》する——と申《もう》しますと、まるで働《はたら》いているのは良人《おっと》ばかりで、夫人は全然《ぜんぜん》働いていないかのように考えられますが、これは全《まった》く「働く」という言葉を家庭《かてい》の外《そと》の勤《きん》労《ろう》ばかりに使用《しよう》するために、言葉の逆効果《ぎゃくこうか》で錯覚《さっかく》を起《おこ》しているに過《す》ぎません。

三、家庭婦人《かていふじん》も「働く婦人《ふじん》」

家庭の外《そと》で勤労することばかりを「働く」と称《しょう》するのは、言葉の全然誤《ぜんぜんあやま》った使用法《しようほう》でありながら、近代《きんだい》のいわゆる「婦人運動《ふじんうんどう》」にたずさわっている人々《ひとびと》すら、「働く婦人」ということを「自己《じこ》の家庭以外《かていいがい》で給料《きゅうりょう》を貰《もら》って働く婦人」の意味《いみ》に解《かい》しているようです。これは「言葉」の正しい使い方を力説《りきせつ》し、「言葉の力《ちから》」によって人生《じんせい》を正しく導《みちび》いて行《ゆ》こうとする「生長《せいちょう》の家《いえ》」で

錯覚　思い違い。勘違い

頭注版㉙二六頁

は避《さ》くべきことであります。

家庭《かてい》にあって家事《かじ》にいそしんでいる婦人《ふじん》は果《はた》して働《はたら》いていないのでしょうか。女性自身《じょせいじしん》が「家庭の婦人」を「働く婦人」と称《しょう》さないのは、女性自身が全世界《ぜんせかい》の女性の大部分《だいぶぶん》を侮辱《ぶじょく》していることになります。「家庭の婦人」は給料《きゅうりょう》を貰《もら》わないで、完全《かんぜん》に献《ささ》げた働きをしているから「働く婦人」と称せられないのであって、働かないから「働く婦人」の中《なか》へ入《い》れられないのではありません。その証拠《しょうこ》に「家庭の婦人」が時偶《ときたま》病気《びょうき》にでもなり「家庭の婦人」の代《かわ》りに仕事《しごと》をする婦人に来てもらいますと、今度《こんど》来てくれた家政婦《かせいふ》や派出婦《はしゅつふ》のことを「家庭の婦人」と呼《よ》ばないで「働く婦人」と申《もう》します。そしてその「働く婦人」は「家庭の婦人」とどこが異《ちが》いますか。働く点《てん》では同じことです。否《いな》、むしろ「家庭の婦人」は、永遠奉仕《えいえんほうし》の考えで働いてくれますのに、いわゆる「働く婦人」は臨時雇《りんじやとい》の考《かんがえ》で働いてくれます。永遠《えいえん》と臨時《りんじ》とでは誠実《せいじつ》さが異《ちが》います。そしてその誠実さの永遠でない人《ひと》の側《がわ》が「働く婦

派出婦　臨時に出張して個人の家庭などの家事手伝いをする女性

人」であるとの尊称《そんしょう》を受け、その上月給《うえげっきゅう》をその家《いえ》から貰《もら》うのです。そして「家庭《かてい》の婦人《ふじん》」は良人《おっと》から「お前《まえ》たちは働《はたら》かなくて内《うち》にばかりいて、俺《おれ》が働いて儲《もう》けた金《かね》を使うばかりだ」とお小言《こごと》を受けることが度々《たびたび》あるのです。

よく考えて御覧《ごらん》なさい。家庭の婦人も「働く婦人」です。この事《こと》をハッキリ私達《わたしたち》は心の中《なか》に置《お》きましょう。どんな婦人もほとんど全部《ぜんぶ》は「家庭の婦人」になるのです。先《ま》ず吾等《われら》は女性全体《じょせいぜんたい》の心のうちから「家庭の婦人」を「働かない婦人」だと観《み》る考《かんがえ》を脱却《だっきゃく》させなければなりませんが、これは男《だん》性《せい》の罪《つみ》ではありません。先《ま》ず女性《じょせい》みずからが「家庭の婦人」を「働かない婦人」だと軽蔑《けいべつ》するから、次《つぎ》に男性から「家庭の婦人」を指《さ》して「働かない婦人」としての軽蔑は始《はじ》まるのではないでしょうか。

四、「妻《つま》を養《やしな》っている」という言葉の起源《きげん》

尊称　敬意をこめて呼ぶこと。また、その呼び名

頭注版㉙二七頁

「家庭《かてい》の婦人《ふじん》」を働《はたら》かない婦人だと観《み》る観念《かんねん》は、男性《だんせい》の「俺《おれ》は妻《つま》を養《やしな》っている！」という言葉を生《う》むのです。「俺《おれ》は妻を養っている！」――この、良人《おっと》の不公平《ふこうへい》な傲語《ごうご》によって、今迄《いままで》どれだけ多くの女性《じょせい》が蹂《ふ》み躙《にじ》られて来《き》たことでしょう。その癖《くせ》、家外《かがい》と家内《かない》との相異《そうい》こそあれ、妻も良人《おっと》と同じように働いているのです。稀《まれ》には有閑婦人《ゆうかんふじん》と称《しょう》する種類《しゅるい》の女性がありますが、そんな変態《へんたい》な一部《ぶ》の婦人のことはここには申《もう》さないことに致《いた》します。悉《ことごと》くの「家庭の婦人」を有閑婦人と考えるのは間違《まちが》っているのです。大多数《だいたすう》の家庭の婦人は、社会《しゃかい》に出て働いている男性の会社員《かいしゃいん》や銀行員《ぎんこういん》や官吏《かんり》や公吏《こうり》よりも長時《ちょうじ》間猛烈《かんもうれつ》に働いているのです。彼女《かのじょ》たちはまだ良人《おっと》が眠《ねむ》っている薄暗《うすぐら》い時《とき》から起《お》き上《あが》って家《いえ》の内外《ないがい》を掃除《そうじ》し、朝の炊事《すいじ》その他一切《たいっさい》の家庭の支度万端《したくばんたん》をするのです。これをどうして「働かない婦人」だということが出来《でき》ましょう。

料亭《りょうてい》や船舶《せんぱく》で炊事をする男は「板場《いたば》」であるとか、「炊事夫《すいじふ》」とか料理長《りょうりちょう》とか司厨長《しちゅうちょう》とかいって月給《げっきゅう》を貰《もら》います。「家庭の婦人」はそれらの人《ひと》より一《いっ》

傲語　傲慢な言葉。えらぶった言い方

有閑婦人　時間的にも経済的にも余裕があり、消費生活のみに暮らす女性。有閑夫人。有閑マダム

官吏　国家公務員

公吏　地方公務員

板場　主に関西で料理人を言う。関東では主に板前と呼ぶ

司厨長　船舶で炊事を担当する部署の長

層《そう》朝早くから同じような仕事《しごと》を励《はげ》みながらも、良人《おっと》からは「お前《まえ》は家《うち》にいて働《はたら》かないで飯《めし》を食っているのだ。わしはお前を養《やしな》っているのだ」と罵《ののし》られがちです。男性《だんせい》はも少し「家庭《かてい》の婦人《ふじん》」の働《はたらき》の実相《じっそう》について同情《どうじょう》がなければならないと思います。この同情がないことが、家庭の空気《くうき》を冷《つめ》たいものにし、男性を家庭外《かていがい》の誘惑《ゆうわく》にかかり易《やす》くならせる原因《げんいん》の一《ひと》つになっているのです。

家庭でいくら働いても、女性自身《じょせいじしん》でさえも「家庭の婦人」を「働かない婦人」の中《うち》にともすれば入《い》れようとするのは何故《なぜ》でしょうか。その理由《りゆう》をここに考えてみたいと思います。それは「家庭の婦人」は朝早く起きて働いても月給《げっきゅう》を貰《もら》わないからなのです。月給を貰わない働《はたらき》は経済活動《けいざいかつどう》の中《なか》に入れられず、不生産的《ふせいさんてき》だと誤解《ごかい》され、時《とき》には働《はたらき》が全然《ぜんぜん》ないと軽蔑《けいべつ》せられ、「わしはお前を養っている」と言われるのです。しかし、静かに考えて御覧《ごらん》なさい。「家庭の婦人」はどんなにか働いていることよ！

ともすれば　どうかすると

五、家庭婦人《かていふじん》は職業婦人《しょくぎょうふじん》よりも長時間《ちょうじかん》働《はたら》いている

頭注版㉙二九頁

会社《かいしゃ》や官庁《かんちょう》へ出て働く人《ひと》には、日曜《にちよう》があり、祭日《さいじつ》があり、何《なに》も仕事《しごと》をしないで済《す》まし得《う》る日《ひ》がありますが、「家庭《かてい》の婦人《ふじん》」は日曜であろうが、祭日であろうが、朝目が覚《さ》めるとすぐ掃除《そうじ》をし炊事《すいじ》をし働かなければならないのです。唯《ただ》の一日《にち》でも働かないで済む日はないのです。もし「家庭の婦人」が一日でも働いてくれなかったら、その家庭はその日の食事《しょくじ》も食べられないのです。

しかも、自分《じぶん》の夫人《ふじん》を「働かない女」とみとめ、「お前《まえ》を養《やしな》っている」と傲語《ごうご》する良人《おっと》の実際《じっさい》の生活《せいかつ》はその夫人より長時間働いておられましょうか。無論人《むろんひと》によって千差万別《せんさばんべつ》ですから、一概《いちがい》には申《もう》せませんが、大抵《たいてい》の男の方《かた》には勤務時間《きんむじかん》のほかに休憩時間《きゅうけいじかん》があるのです。商店《しょうてん》や事務所《じむしょ》で腰弁《こしべん》をお喫《あが》

祭日　昭和二十三年に「国民の祝日」が制定される以前には、祝日と、宮中での祭儀が執り行われる祭日とを祝祭日と総称していた。今日でも祝日の通称として祭日と言うことがある

腰弁　出勤するときに持参する弁当。腰弁当

りになるにしても、はたまたどこかでランチをお喫《あが》りになるにしても、食事《しょくじ》後早速《ごさっそく》、その食器《しょっき》を洗うというようないわゆる「働《はたら》くということ」をしないで、近くの舗道《ほどう》を散歩《さんぽ》したり、どこかで腰《こし》を掛《か》けて、友達《ともだち》と煙草《たばこ》を吹《ふ》かしながら雑談《ざつだん》をするというような休憩時間《きゅうけいじかん》があるのです。それだのに、多くの「家庭《かてい》の婦人《ふじん》」はそんな休憩《きゅうけい》の時間《じかん》などは持っていません。昼食《ちゅうしょく》が終《おわ》って、じっと食膳《しょくぜん》の前《まえ》に坐《すわ》り込《こ》んででもいようものなら「食後《しょくご》のお尻《しり》が長い女」だといって軽蔑《けいべつ》されます。普通《ふつう》の家庭婦人《かていふじん》は食事《しょくじ》が終《おわ》ると直《すぐ》に台所《だいどころ》の流《なが》し場《ば》へ行って食器を洗わねばなりません。それが終《おわ》ると裁縫《さいほう》が待っています。子供《こども》が学校《がっこう》から帰って来ますと、予習又《よしゅうまた》は復習《ふくしゅう》をしてやらなければなりません。又夕食《またゆうしょく》の支度《したく》にかからねばなりません。市場《いちば》を歩いて、出来《でき》るだけ出費少《しゅっぴすくな》い美味《おい》しいものを調《ととの》えようと致《いた》しますと、又相応心遣《またそうおうこころづか》いと時間を要《よう》するものです。主婦《しゅふ》はこうして一日中《にちじゅう》クルクル舞《ま》いして働いているのです。そうして良人《おっと》が外《そと》から帰ってくると、勤先《つとめさき》の事務所《じむしょ》で何《なに》か面白《おもしろ》くな

はたまた　それともまた。あるいは

舗道　舗装した道路

相応　それなりに。相当

クルクル舞い　速く回りながら舞うように、物事や事態に対応して動くこと

いことが起《おこ》った日などには「わしばかり辛《つら》い目をして働《はたら》いて、お前《まえ》は内《うち》で遊んでいる！」といって叱《しか》られるのです。

六、婦人自身《ふじんじしん》「働く」という言葉の意義《いぎ》を認識《にんしき》せよ

吾々《われわれ》は「働《はたらき》」というものを、もう少し完全《かんぜん》に認識したいと思います。米国《べいこく》にこういう話があります。それは作り話《つくりばなし》か本当《ほんとう》の話かは存《ぞん》じませんが、或《あ》る処《ところ》に内縁《ないえん》の妻《つま》を有《も》った中産《ちゅうさん》の商人《しょうにん》がありました。その商人は遺言《ゆいごん》を残さないで遺産《いさん》を残して死んでしまったのです。親類《しんるい》の人達《ひとたち》の間《あいだ》に遺産争《いさんあらそ》いが起《おこ》りました。そして、その妻との結婚《けっこん》は内縁であって、法律上《ほうりつじょう》は認《みと》められていないというのを理由《りゆう》に、その遺産を妻から奪《うば》おうと企《たくら》んでそれを法廷《ほうてい》に持《もち》出《だ》しました。裁判長《さいばんちょう》は「この婦人《ふじん》は法律上彼《かれ》の妻にあらずと認む」と判決《はんけつ》を下《くだ》しました。野心《やしん》ある親戚《しんせき》は心の中《なか》で快哉《かいさい》を叫《さけ》びました。裁判長は語《ご》を続

頭注版㉙三〇頁

内縁　婚姻届を出さないために法律上の夫婦とは認められていない事実上の婚姻関係

中産　中程度の財産を所有する人

快哉　心から愉快に感じること

けました。「妻《つま》にあらずして二十年間《ねんかん》、彼《かれ》のために家政《かせい》の業《わざ》に従事《じゅうじ》したるを以《もっ》て家政婦《かせいふ》と認《みと》め、一ヵ月《げつ》二十ドル、二十年間四千八百ドル、利子《りし》を加算《かさん》して一万《まん》ドルのサラリーを支払《しはら》うべし」と判決《はんけつ》を下《くだ》しました。

妻でなければ、二十年間一万ドルを支払わねばならぬほどの仕事《しごと》をさせながら、給料《きゅうりょう》を要求《ようきゅう》せざるが故《ゆえ》に「お前《まえ》はわしが養《やしな》っているのだ」と傲語《ごうご》するのは、男性《だんせい》が女性《じょせい》の働《はたらき》を認識《にんしき》しないだけではなく、女性自身《じょせいじしん》が女性の働《はたらき》を認識しないからなのです。或《あるい》は男性の働《はたらき》は社会《しゃかい》に出ての冒険的《ぼうけんてき》な働《はたらき》であって、女性の家庭内《かていない》の働《はたらき》はそういうように冒険的な要素《ようそ》を含《ふく》んでいないから、危険率《きけんりつ》の多い仕事を働く男性の方《ほう》が、危険率の少《すく》い仕事を働く女性よりも重《おも》んぜらるべきだという人《ひと》があるかも知れません。しかし女性の冒険的《ぼうけんてき》仕《し》事《ごと》はその結婚《けっこん》そのものに始《はじ》まるのであって、それは男性の事業的冒険《じぎょうてきぼうけん》の比《ひ》ではありません。女性がその生涯《しょうがい》を一個《こ》の家庭《かてい》の仕事をしようとしてその家庭に飛込《とびこ》むのは、「生涯」を賭《か》けての冒険《ぼうけん》でありまして、男性が、一会社《かいしゃ》

サラリー　salary 給料

や一事業《じぎょう》に跳込《とびこ》む如《ごと》き、いつでもそこから止《や》められるような浅い冒険《ぼうけん》ではないのであります。男性《だんせい》は自分《じぶん》の首を突込《つっこ》んだ会社《かいしゃ》や事業が不結果《ふけっか》でも、それはよい経験《けいけん》を積《つ》んだとして、一層将来《いっそうしょうらい》のために箔《はく》がつきながら、又《また》新しく別《べつ》の会社や事業に取りかかれます。しかし女性《じょせい》は、一《ひと》つの家庭《かてい》が失敗《しっぱい》したからとて、好《よ》い経験を積んだ人《ひと》として、光《ひかり》を増《ま》して新しい結婚生活《けっこんせいかつ》に入《はい》ることは出来《でき》ません。「二度目《どめ》」だとか「出戻《でもど》り」だとか色々不快《いろいろふかい》な名称《めいしょう》で呼《よ》ばれながら、軽蔑《けいべつ》多き不幸《ふこう》な生涯《しょうがい》を送らねばならないのです。女性が家庭の仕《し》事《ごと》をするために家庭に入《はい》るのは、男性が会社の仕事をする為《ため》に会社に入《はい》るのよりも、幾層倍《いくそうばい》か冒険的性質《ぼうけんてきせいしつ》多き事業です。もし事業の冒険的性質に応じてその報酬《ほうしゅう》が定《さだ》められるとするならば、「家庭の婦人《ふじん》」は「会社の良人《おっと》」などよりも高給《こうきゅう》を支払《しはら》わなければならないでしょう。ですから、家庭の婦人は「家庭の仕事」の価値《かち》をもっともっと男性に認識《にんしき》せしめるように運動《うんどう》しても好《よ》いと思います。といっても、私は男性に対《たい》して反抗《はんこう》せよ、というのでは

箔がつく　値打ちが高くなる。貫禄がつく

ありません。家庭《かてい》は二《ふた》つの相異《あいことな》る要素《ようそ》で維持《いじ》されているものであります。その二つの要素とは、良人《おっと》と妻《つま》と、陽《よう》と陰《いん》とでありますから、そのどちらをも平等《びょうどう》に価値《かち》を認《みと》めて互《たがい》に尊重《そんちょう》し合《あ》うことにしたいと私は提議《ていぎ》するのであります。男性《だんせい》の働《はたらき》の尊《とうと》さをここでは喋々《ちょうちょう》述《の》べなかったのは、既《すで》に大《おお》いに主張《しゅちょう》され、既《すで》に大いに認められているからです。女性《じょせい》の働《はたらき》の尊さをここで喋々力説《ちょうちょうりきせつ》したのは、それが概《おおむ》ね忘れられがちであるからです。かくして働《はたらき》は異《ことな》りながらも、陰陽《いんよう》平等に尊重されるとき、その家庭は本当《ほんとう》に幸福《こうふく》になるのです。それについては、良人《おっと》が妻に対《たい》してややもすればいおうとする「わしはお前《まえ》を養《やしな》ってやっている」という言葉を廃止《はいし》したいことです。

提議　意見を出すこと
喋々　口数多くしゃべるさま
かくして　このようにして

第四章　無限供給《むげんきょうきゅう》の経済《けいざい》の立て方

伊田《いだ》――先生《せんせい》は無限供給だということを被仰《おっしゃ》いましたね。出せば出す程《ほど》殖《ふ》えると被仰《おっしゃ》いました。

谷口《たにぐち》――申《もう》しました。

伊田――私はそれを聞いたとき、これは素晴《すば》らしい経済学《けいざいがく》だと思いました。そしてそれを信じて実行《じっこう》して来《き》ました。そして要求《ようきゅう》するものには、すべて拒《こば》

頭注版㉙三四頁

無限供給　本全集第四巻「実相篇」下巻第十三章、第十五巻「観行篇」下巻第五章等参照

まずにどれだけでも商品《しょうひん》を出すことにして来ました。そしたら先生《せんせい》はそんな放漫《ほうまん》な出《だ》し方《かた》をしてはいけないと被仰《おっしゃ》いました。

谷口《たにぐち》――それはいったよ。しかし、「出す」というのは「ものに内在《ないざい》するすべての能率《のうりつ》を極力《きょくりょく》出し切る」ことですよ。湯水《ゆみず》のようにだらだら無駄《むだ》なことに金《かね》を出していたのではあなたのお店《みせ》はつぶれてしまう。

伊田《いだ》――それを聞いたとき私は、正直《しょうじき》なところ、先生に幻滅《げんめつ》を感《かん》じたのでございます。先生のお説《と》きになる無限供給《むげんきょうきゅう》と、現実《げんじつ》の実行《じっこう》とは異《ちが》うということに幻滅を感じたのでございます。

谷口――百円《えん》の信用《しんよう》しかない得意先《とくいさき》に一千円《せんえん》の品物《しなもの》を送る。そんなだらしのない事《こと》をしていたら、お店の原料買入《げんりょうかいい》れの資金《しきん》がなくなるのは当然《とうぜん》ではありませんか。

伊田――それでも先生は「出せば出すほど殖《ふ》える」と被仰《おっしゃ》ったじゃありませんか。

放漫　でたらめでしまりがないさま。やりっ放し

百円　昭和初期の一円は現在の約二～三千円なので、百円は約二十万～三十万円に相当する

一千円　現在の約二百万～三百万円に相当する

谷口《たにぐち》――出せば出すほど殖《ふ》えるためには、得意先《とくいさき》でもまた出す気にならねばなりません。得意先では出《だ》し方《かた》を惜《お》しんで百円《えん》しか出さないでいて、お店《みせ》からは一千円の品物《しなもの》を送る、そんなことをしていたら経済循環《けいざいじゅんかん》が悪くなってお店が行詰《ゆきづま》ってくるのは当然《とうぜん》です。私が出せば出すほど殖《ふ》えるというのは、「上手《じょうず》に出せば出すほど殖《ふ》える」ということですよ。智慧《ちえ》のない出し方は、物《もの》を捨《す》てているのと同じことです。私はかつて神様《かみさま》は「愛」だからといって、智慧《ちえ》のない愛は却《かえ》って相手《あいて》を病気《びょうき》にしたり殺したりすることになるといったことがあるでしょう。生長《せいちょう》の家《いえ》では、神様は「智慧《ちえ》」であり、「愛」であり、「生命《せいめい》」であり、「供給《きょうきゅう》」であるという。神様のこの四徳《とく》を備《そな》えたとき万事《ばんじ》が調《ととの》うことになるのです。

伊田《いだ》――私はまた先生《せんせい》は「出せば出すほど殖《ふ》える」といわれるから、出しさえすれば殖《ふ》えるのかと思っていました。

谷口――出しさえすれば殖《ふ》えるなら、お金《かね》を湯水《ゆみず》のように使う放蕩息子《ほうとうむすこ》はみ

放蕩息子　酒や遊びなどにふけって身を持ち崩した息子

んな金持《かねもち》にならなければならないでしょう。
伊田《いだ》――そんなものですな。
谷口《たにぐち》――それがそうでないのはどういうわけですか。わかりますか。
伊田――それでは、先生《せんせい》のお説《と》きになる「出せば出すほど殖《ふ》える」という経《けい》済学《ざいがく》の間違《まちがい》じゃございませんか。
谷口――「出す」ということは言《い》い換《か》えると、人《ひと》に「供給《きょうきゅう》する」ということです。この「供給」ということは神様《かみさま》の四徳《とく》のうちの一《ひと》つに過《す》ぎません。この「供給」を本当《ほんとう》に生《い》かすには、神様の他《た》の三徳「智慧《ちえ》」と「愛」と「生《せい》命《めい》」とが揃《そろ》わねばなりません。
伊田――成《な》る程《ほど》、それで、いくらお金《かね》を泥川《どろがわ》にすてても殖《ふ》えて来《こ》ない理由《りゆう》がわかって来ました。泥川に供給するのは「智慧《ちえ》」と「愛」と「生命《せいめい》」の三徳が伴《ともな》わないからですねえ。
谷口――そうです。お金《かね》を泥川へ捨《す》てても殖《ふ》えないのは智慧《ちえ》がないからです。智慧《ちえ》があったらそんなところへ捨《す》てないでしょう。また愛がないからです。愛していたら、そんなところへ捨てないでしょう。また生命《せいめい》がないからです。生《い》かす気があったら、そんなところへ捨てないでしょう。「供給《きょうきゅう》する」という一徳《とく》のみあっても、神の他《た》の三徳を失《うしな》えばその「供給」が死んだ供給になって、出せば出すほど減《へ》るばかりで返《かえ》って来《く》るということはないのです。

伊田《いだ》——私はまた供給する先《さき》や、方法《ほうほう》や分量《ぶんりょう》やを考えるのは、無限供給《むげんきょうきゅう》を知らぬケチなやり方《かた》だと思っていました。実《じつ》は今日《きょう》まで先生《せんせい》は口には無限供給を説《と》きながらケチな人《ひと》だと思って、心で批難《ひなん》していました。

谷口《たにぐち》——あなたの商品《しょうひん》を得意先《とくいさき》へ卸《おろ》すには、第《だい》一智慧《ちえ》をよく働《はたら》かして循環《じゅんかん》流通《りゅうつう》を害《がい》するような得意先へはなるべく少《すく》なく商品を置《お》くことにしなければなりません。それから第二に、愛を働かして商品をもっと愛するようにしなければなりません。

伊田《いだ》——愛を働《はたら》かして商品《しょうひん》を愛するというのはどうするのですか。
谷口《たにぐち》——商品を愛する道《みち》を知らないで、その商品から金《かね》を儲《もう》けようと期待《きたい》するのは間違《まちが》っています。それは子供《こども》を愛することを知らないで、子供から恩《おん》返《がえ》しを受けようとするのと同じです。子供を捨《す》て児同様《ごどうよう》に虐待《ぎゃくたい》しておきながら子供から恩返しをしてもらおうと思っても、それは駄目《だめ》です。
伊田——成《な》る程《ほど》。それでは商品を愛するというのはどうするのですか、教《おし》えて下《くだ》さい。
谷口——商品自身《しょうひんじしん》が求めているところをかなえてやるのですよ。
伊田——商品自身が求めているところを叶《かな》えてやると申《もう》しますと？
谷口——商品は何《なに》を求めていますか。
伊田——サア……わかりません。
谷口——商品が求めているのは、自分《じぶん》が店頭《てんとう》に置《お》き古《ふる》しにされることですか、それとも、自分が造《つく》られた目的《もくてき》に大事《だいじ》に使われることですか。

置き古し 品物を長く置いたままにして古くなること。また、その品物

伊田《いだ》――それは、店頭《てんとう》に置《お》き古《ふる》しにされることではなく、自分《じぶん》が造《つく》られた目的《もくてき》に大事《だいじ》に使われることでしょう。

谷口《たにぐち》――それではあなたのように、売れない小売店《こうりてん》へ無暗《むやみ》に多量《たりょう》に供給《きょうきゅう》しておいたら、店頭に置き古しにされて、商品《しょうひん》を泣かせることになるでしょう。商品を泣かせるようなことでは商品を愛しているといえますか。

伊田――それはいえません。

谷口――商品を泣かせるようなことをしていては商品を生かしているとはいえないでしょう。

伊田――それはいえません。

谷口――あなたは、商品を「供給」するだけをした。しかし、それは「智《ち》慧《え》」と「愛」と「生命《せいめい》」とのない供給の仕方《しかた》でした。だからあなたは、「出せば出すほど殖《ふ》える」と思って「供給」しても損《そん》になるばかりだったのです。

伊田《いだ》――しかし、創業第《そうぎょうだい》一回《かい》の半期《はんき》は「出せば出すほど殖《ふ》える」というやり方《かた》で、随分儲《ずいぶんもう》かって、店員《てんいん》に三十割《わり》のボーナスを出しました。

谷口《たにぐち》――そうでしょう。あの時《とき》は創業当初《そうぎょうとうしょ》だというので、あなたは一から十まで私に相談《そうだん》せられました。私はあなたと一緒《いっしょ》に銀座《ぎんざ》まで出掛《でか》けて往《い》ってまるで自分《じぶん》の事《こと》のように、机《つくえ》や、椅子《いす》や、机上《きじょう》の鉛筆《えんぴつ》一本買うのにまでも相談にのりました。あなたの方《ほう》からいったら「出せば出すほど殖《ふ》えた」と見えたかも知れませんが、その出《だ》し方《かた》には、すべて、鉛筆一本の使《つか》い方《かた》にまでも私の「智慧《ちえ》」と「愛」と「生命《せいめい》」とが籠《こも》っていました。それで悠々《ゆうゆう》、店員に三十割のボーナスが出せたのです。ただ「出す」だけで三十割のボーナスが出せるなら、有《あ》り金《がね》を全部《ぜんぶ》、泥川《どろがわ》へ捨《す》てさえしたら商売繁昌《しょうばいはんじょう》が出来《でき》たはずでしょう。しかし、そんな馬鹿《ばか》なことはありません。

ところが、第二回目の半期になると「前半期《ぜんはんき》の出し方」に、私の「智慧《ちえ》」と「愛」と「生命《せいめい》」とが籠《こも》っていたことをあなたは忘れてしまって、「出し

三十割　月給の三ヵ月分

さえすれば殖《ふ》える」と思われたのか、商品《しょうひん》を愛さない放漫《ほうまん》な商品の供給《きょうきゅう》しようをせられました。そしてもう少しも私に相談《そうだん》せられませんでした。小売《こうり》店《てん》では売れないで商品がたくさん泣いているのに、本店《ほんてん》では他《た》の小売店へ卸《おろ》す品物《しなもの》がないので、借金《しゃっきん》までしてそれを製造《せいぞう》しなければならないようになりましたね。私が時偶《ときたま》、あなたの店《みせ》を訪問《ほうもん》しますと、執務室《しつむしつ》のストーブでは室内温度《しつないおんど》が八十度《ど》以上《いじょう》にもなっているらしく、苦しい位《くらい》温《あたたか》い。そしてその側《そば》で、応接机《おうせつづくえ》がヒビ割《わ》れて使えなくなっているのを見ました。私は、これはいかんと思いました。石炭一《せきたんひと》つ燃《も》やすのにも、「智慧《ちえ》」と「愛」とで生かして燃やさねばならぬ。自分《じぶん》の家《いえ》では贅沢《ぜいたく》に、あんな石炭の使《つか》い方《かた》をして、箪笥《たんす》などをヒビ割らしていない癖《くせ》に、店のものだと思うと、無暗《むやみ》に石炭をくべて、炭価《たんか》は余計要《よけいい》る。室温《しつおん》が高すぎて、身体《からだ》が倦怠《けんたい》して能率《のうりつ》が下がる。折《せっ》角《かく》の丸《まる》テーブルがヒビ割れて台《だい》なしになる。あなたのお店の店員《てんいん》は一体何《いったいなに》をしているのか、すべてを殺して使っていると思いました。私がそれを、あな

供給しよう　供給の仕方

八十度　華氏八十度。摂氏では約二十七度

倦怠　心身が疲れてだるいこと

たのお店《みせ》の店員《てんいん》に注意《ちゅうい》しましたときに、あなたは何《なん》と思われましたか覚《おぼ》えていらっしゃいますか。

伊田《いだ》――先生《せんせい》は「物質《ぶっしつ》は無《な》い」といいながら物質のことをケチケチしている、先生は物質に捉《とら》われているんだ、そんなことでは先生自身《せんせいじしん》の教《おしえ》が立たんと、正直《しょうじき》なところ私は思いました。

谷口《たにぐち》――私が「物質は無《な》い」というのは、「物質」と見えていても、物質そのものはそこにはないので、そこに神の恵《めぐ》みの投影《とうえい》したものがあるというのです。大根《だいこん》一本《ぽん》抜《ぬ》くのでも「拝《おが》んで抜け」といわれた金光教祖《こんこうきょうそ》の心持《こころもち》がそれです。大根一本を物質であると見れば「拝んで抜く」必要《ひつよう》はありません。拝んで抜く気になるのは、その大根一本を物質とは見ないで「神徳《しんとく》」のあらわれとして見るからです。石炭《せきたん》も神徳《しんとく》の現《あらわ》れであり、机《つくえ》も神徳《しんとく》の現《あらわ》れであるというのに、その石炭を生かすように智慧《ちえ》と愛とで燃《も》やさないで、石炭を殺し、机を殺し、人間《にんげん》の能率《のうりつ》を殺すように燃やしている――私はそれを見ただ

投影　物事の姿や形を影として映し出すこと

金光教祖　赤沢文治（川手文治郎）。文化十一～明治十六年。備中国（岡山県西部）の農民であったが、大病を患ってのち神宣を受けて天地金乃神への信仰に目覚めた

けでも、失礼《しつれい》でございますが、あなたのお店《みせ》の営業成績《えいぎょうせいせき》がこの半期《はんき》に落ちると判断《はんだん》しました。それでは全《まった》く生長《せいちょう》の家《いえ》の経営法《けいえいほう》とちがいます。出せば出すほど殖《ふ》えるというのは、生かすように、智慧《ちえ》と愛とを出した時《とき》に限《かぎ》ります。

伊田《いだ》――成《な》る程大分《ほどだいぶ》よく判《わか》って参《まい》りました。

谷口《たにぐち》――大分《だいぶ》よく判《わか》る位《くらい》では困《こま》りますなア。

伊田――それでは解《わか》らない方《ほう》がよろしいのですかな。

谷口――そうじゃありませんが。解《わか》るだけではなしに、私は実行《じっこう》して欲《ほ》しいのですよ。そうでないと、その創《はじ》めに私が骨《ほね》を折ってあげましたあなたのお店の営業成績に、生長の家は今後責任《こんごせきにん》が持てません。それは全《まった》く生長の家の経営法じゃないんですから。その営業成績を見て、生長の家の経済学《けいざいがく》の軽《けい》重《ちょう》を問《と》われたら迷惑《めいわく》ですからね。

伊田――私は商売気《しょうばいぎ》を離《はな》れた、気持《きもち》の好《よ》い営業振《えいぎょうぶ》りで、そして無限《むげん》に資金《しきん》

軽重　物事の価値や程度の大小

商売気　商売の利益を考える気持ち。商売をしようという気持ち

店員《てんいん》はこれによって先生《せんせい》の流入《りゅうにゅう》してくるような世界《せかい》を夢見《ゆめみ》ていたのです。それだのに、先生は、石炭《せきたん》の経済学説《けいざいがくせつ》を具体化《ぐたいか》してみたいと思ったのです。それだのに、先生は、石炭《せきたん》一《ひと》くべ机《つくえ》一脚《きゃく》の列《なら》べ方《かた》までケチケチいわれるといって先生の学説《がくせつ》に矛盾《むじゅん》を感《かん》じている店員もあるようです。

谷口《たにぐち》——矛盾を感じている店員もある、のじゃない、あなた自身《じしん》がその筆《ひっ》頭《とう》でしょう。実相《じっそう》を悟《さと》るというのは、商売《しょうばい》が商売らしくなくなるのではなく、商売が一層《いっそう》、商売らしくなるのですよ。今迄《いままで》小さなことに気がつかなかったのが、小さなことまでも行《ゆ》きとどいて気がついてくることですよ。神様《かみさま》の智慧《ちえ》は肉眼《にくがん》で見えないところのどんな小さな吾々《われわれ》の細胞《さいぼう》の中《なか》までにも働《はたら》いているでしょう。さすれば、吾々《われわれ》が神の智慧《ちえ》を得《う》るときは、普通《ふつう》の人《ひと》には気のつかないような小さな事《こと》にも気がつくようになるのですよ。目こぼしがなくなるのですよ。事業《じぎょう》には細心《さいしん》で大胆《だいたん》ということが必要《ひつよう》なのです。細心とは神の智慧《ちえ》を得《う》るから、細かい所《ところ》まで心が行《ゆ》き届《とど》くのです。大胆とは神の信仰《しんこう》

筆頭　第一番目

さすれば　そうすると。とすれば

目こぼし　見落とすこと

細心　注意深く、細かいところにまで心を配ること

を得《う》るから「必《かなら》ずよくなる」と落着《おちつ》いて、騒《さわ》ぐことがないのです。盲目《もうもく》で大《だい》胆《たん》であったり、ボンヤリで大胆であったり、放漫《ほうまん》で大胆であるのでは駄目《だめ》なのです。

先日《せんじつ》、朝早く私はあなたのお店《みせ》を訪問《ほうもん》しましたら、あなたはお留守《るす》でしたが、ニス塗《ぬり》の机《つくえ》の上《うえ》が、濡《ぬ》れ海綿《かいめん》で拭《ふ》いた後《あと》のようにグショグショに濡れて、水玉《みずたま》が机の表面《ひょうめん》いちめんに行列《ぎょうれつ》しているのです。ニス塗《ぬり》の机をあんな水拭《みずぶ》きの仕様《しよう》をなすったらニスが剥《は》げてたちまち台《だい》なしになります。あれを拭いた店員《てんいん》は誰《たれ》かは知りませんが、私は暗然《あんぜん》として合掌《がっしょう》して祈《いの》らずにいられませんでした。「この人《ひと》にもっと愛と智慧《ちえ》との心を起《おこ》さしめ給《たま》え」と。

こんなに愛のない仕事《しごと》のしようではあなたのお店の前途《ぜんと》は寒心《かんしん》すべきものがあると思います。あなたのお店の店員たちの或《あ》る者《もの》は、「物質《ぶっしつ》は無《な》い」という事《こと》は「一切《いっさい》は神の物《もの》である」ということの別名《べつめい》だと気がつかないのじゃありませんか。「出せば出すほど殖《ふ》える」ということを、無駄使《むだづか》いをしたり

濡れ海綿　濡らしたスポンジ

暗然　心がふさぐさま

寒心　恐れや不安の念で、ぞっとすること

泥川《どろがわ》へすてたら利子《りし》がついて還《かえ》って来《く》ると考えてでもいるんじゃありませんか。そして「物質《ぶっしつ》に捉《とら》われない」ということをルーズに打《う》っちゃらかして時《じ》間《かん》や生命《せいめい》や色々《いろいろ》のものを無駄《むだ》にすることだと思っているんじゃありませんか。「物質に捉《とら》われない」とは無駄《むだ》をなくすることなんですよ。趙州和尚《じょうしゅうおしょう》がいったように「御飯《ごはん》を食べたら一粒《ひとつぶ》も残らぬように茶碗《ちゃわん》を洗え」ということなのですよ。「商売《しょうばい》をするなら、余利《より》もすてずに皆生《みない》かせ」ということなのですよ。ここのところをよく、あなたのお店《みせ》の店員《てんいん》にお伝えおき下《くだ》さい。

伊田《いだ》――色々ありがとうございました。

谷口《たにぐち》――ちょっとお待ち下《くだ》さい。事業界《じぎょうかい》で今太閤《いまたいこう》といわれている小林一三《こばやしいちぞう》さんの『私の行《ゆ》き方《かた》』という本がここにあります。この人《ひと》の事業《じぎょう》の経営法《けいえいほう》はすっかり生長《せいちょう》の家式《いえしき》です。この本を私に知らして下さって小林一三さんの行《ゆ》き方《かた》は全《まった》く生長の家式だといって知らして下さったのは阪和電鉄《はんわでんてつ》の支配人《しはいにん》

趙州和尚　趙州従諗。七七八～八九七年。中国・唐代の禅僧

「御飯を食べたら…」　『無門関』第七則の公案「趙州洗鉢」で趙州和尚が新参の弟子の問いかけに応えた言葉

余利　剰余金。利益

今太閤　豊臣秀吉が身を起こして太閤となったように、立身出世した人

小林一三さん　明治六～昭和三十二年。実業家。箕面有馬電気鉄道(現在の阪急電鉄)の創立者。集客のため沿線を宅地開発し、宝塚少女歌劇団や阪急百貨店、東宝映画等を創業した。近衛内閣と幣原内閣の閣僚等を歴任

『私の行き方』　昭和十年、斗南書院刊

阪和電鉄　大正十五年に設立された鉄道会社。現在のJR西日本阪和線を建設した

矢尾村忠紀《やおむらただのり》さんです。その本の九一頁《ページ》にこんなことが書いてあります。ちょっと読んでみます。

「製造工業《せいぞうこうぎょう》ばかりでなく一般《いっぱん》に我々《われわれ》が執《と》っている日常業務《にちじょうぎょうむ》でさえ無駄《むだ》がたくさんある。

時間《じかん》の無駄――労力《ろうりょく》の無駄――物質《ぶっしつ》の無駄――場所《ばしょ》の無駄

しかしこれは各自《かくじ》が些細な点に注意し、常《つね》に念頭《ねんとう》に置《お》いていなければ見逃《みのが》し易《やす》いものである。時《とき》によれば第《だい》三者《しゃ》の観察《かんさつ》が容易《ようい》にこれを発見《はっけん》し得《う》る場《ば》合《あい》もある。何《いず》れにもせよ吾人《ごじん》が協力してこの無駄を駆逐《くちく》する事《こと》に努力《どりょく》せねばならぬ。

一枚《まい》の伝票《でんぴょう》の作《つく》り方《かた》、動《うご》き方《かた》にも無駄の発見が出来《でき》る。机《つくえ》の配置《はいち》、書棚《しょだな》の位置《いち》にも無駄を見出《みいだ》すことがあろう……無駄を省《はぶ》くということは団体的組《だんたいてきそ》織《しき》の会社《かいしゃ》に於《お》いては勿論《もちろん》なるも、単《たん》に会社内《かいしゃない》の仕事《しごと》の上《うえ》のみでなく、一歩《ぽ》社外《しゃがい》

些細　わずかのこと
吾人　われわれ
駆逐　追い払うこと

へ出《い》ずるも絶《た》えず無駄《むだ》を省《はぶ》くという精神《せいしん》を忘却《ぼうきゃく》せざるように慎《つつし》むことが、より以上《いじょう》の結果《けっか》と収穫《しゅうかく》を得《う》る事《こと》になるものと断言《だんげん》したい。」

一《ひと》たびこの人《ひと》が或《あ》る事業《じぎょう》に手を触《ふ》れればその事業の収益《しゅうえき》が倍加《ばいか》するというこの小林一三《こばやしいちぞう》さんも、こういうように一枚《まい》の伝票《でんぴょう》の作り方、机《つくえ》の配置《はいち》、書棚《しょだな》の位置《いち》さえにも気を配《くば》っているのです。これであってこそ小林《こばやし》さんの事業が栄《さか》えるのです。事業を生《い》かすのにはこれだけ細心《さいしん》の智慧《ちえ》がなくてはならないのです。無駄を省くということはものを「生かす」ということなんですよ。無駄をするということは殺すということなんですよ。あなたのように「生長《せいちょう》の家《いえ》は無限供給《むげんきょうきゅう》だ」ということに捉《とら》えられて、一つ気持《きもち》の好《よ》い大《だい》名商売《みょうしょうばい》をやってみたいのだと、放漫《ほうまん》ひとすじで、細心の智慧《ちえ》を働《はたら》かせないでいながら、それを執着《しゅうじゃく》がないと自慢《じまん》にするようでは、あなたのお店《みせ》の前《ぜん》途《と》も見えすいていると思うのです。私は何《なに》もそんなことに好《す》き好《この》んで助言申《じょげんもう》

大名商売　苦労知らずの人がやりがちな、利潤を得るための工夫や努力もしない悠長で甘い商売。殿様商売

見えすく　明らかに想像できる。見え透く

し上《あ》げるのではありません。「空《くう》」に執《と》えられ、「物質無《ぶっしつむ》」に捉《とら》えられ、「無《む》限供給《げんきょうきゅう》」に執《と》えられ、「空執《くうしゅう》」によって「神の細心《さいしん》の智慧《ちえ》」を殊更《ことさら》に排斥《はいせき》するを男子《だんし》の豪快事《ごうかいじ》とし、無駄《むだ》をはぶくことを以《もっ》てケチと称《しょう》し、泥川《どろがわ》へ金銭《きんせん》を捨《す》てるようなやり方《かた》を生長《せいちょう》の家《いえ》の経営法《けいえいほう》だと誤認《ごにん》しているやり方《かた》を見ていると、危《あぶ》なかしくて見ていられないのです。干渉《かんしょう》がましいところがあったら御免《ごめん》なさい。生長の家の「空《くう》」の真理《しんり》は、執《と》えたと思うとき逃《に》げて行《ゆ》くのですから、ひとかどあなたほどの人《ひと》でも「空《くう》」にとらえられて、事業《じぎょう》に処《しょ》する自由自在《じゆうじざい》の智慧《ちえ》を失ってしまうのです。

伊田《いだ》――成《な》る程《ほど》、これから気をつけましょう。

谷口《たにぐち》――これはお店《みせ》の経済《けいざい》だけではありません。一家《いっか》の経済の立《た》て方《かた》でも同じことなんですよ。月給取《げっきゅうと》りなどの家庭《かてい》で「出せば出すほど殖《ふ》える」といって生長の家の経済の立て方を生半可《なまはんか》に理解《りかい》して浪費《ろうひ》をしている細君《さいくん》に、「それじゃから生長の家は困《こま》る」といって争《あらそ》われる良人《おっと》が往々《おうおう》にあります

空執　物質はないということ自体にとらわれること

ひとかど　それ相応に優れた。一人前の

生半可　いいかげんなこと。中途半端なこと

浪費　無駄に使うこと

細君　自分または同輩や目下の人の妻

が、それは皆《みん》なこういう奥《おく》さんの「空執《くうしゅう》」から来《く》るのですよ。
伊田《いだ》――いま、これから「空《くう》」にも執《とら》われないことに致《いた》します。有難《ありがと》うございました。

第五章　家庭幸福《かていこうふく》への道《みち》

頭注版㉙四六頁

一、幸福《こうふく》への道の発見《はっけん》

頭注版㉙四六頁

私は、全日本《ぜんにっぽん》の、否《いな》、全世界《ぜんせかい》のすべての女性《じょせい》におたずねしてみたいことがあるのです。皆《みな》さんは女性としてこの世《よ》にお生《うま》れになったことを幸福だと思っていらっしゃいますか。真《しん》に今《いま》そう思っていらっしゃいますか。もしあなたが、『白鳩《しろはと》』の誌友《しゆう》でしたら、皆《みな》さんはもう光明思想《こうみょうしそう》で輝《かがや》いていられますから、この世《よ》にお生《うま》れになったことを既《すで》に幸福《こうふく》だと思っていらっしゃるに違《ちが》いありません。しかし前々《まえまえ》から常《つね》にあなたは女性《じょせい》に生《うま》れたことを幸福だと思っていられたでしょうか。男性《だんせい》に生《うま》れて来《き》たら尚一層《なおいっそう》幸福だったであろうに、とお思いになったことは一度《ど》だってありませんか。しかし真《しん》に人間《にんげん》の本《ほん》質《しつ》さえ自覚《じかく》すれば女性も男性も同様《どうよう》に幸福なのです。私達《わたしたち》の女性光明化運《じょせいこうみょうかうん》動《どう》の雑誌《ざっし》『白鳩』はすべての女性に人間の本質を自覚せしめ、本当の意味に於《おい》て幸福にするために、その光明目的《こうみょうもくてき》のため、すべての女性が手をつなぐために生《うま》れたので、今は私が編輯《へんしゅう》していませんが、毎号執筆《まいごうしっぴつ》をたのまれて、皆《みな》さんにその幸福の秘訣《ひけつ》を分《わか》っているのです。

分つ　わけ与える

二、女性光明化《じょせいこうみょうか》の運動《うんどう》

わたしは女性《じょせい》でありませんが、すべての女性を幸福《こうふく》にするための光明化《こうみょうか》運動《うんどう》は是非《ぜひ》なければならぬと思うのです。何故《なぜ》なら、女性も人類《じんるい》の生命《せいめい》に属《ぞく》するものであり、人類の半分《はんぶん》は女性であるから、人類の幸福を希《ねが》うためには女性の幸福を希《ねが》わずにはいられないからです。国家《こっか》の中《なか》にも「家庭《かてい》」の中《なか》にも男性《だんせい》も女性もいるのです。男性ばかりが幸福でも、幸福な「家《いえ》」は成立《なりた》たないし、女性ばかりが幸福でも、幸福な「家《いえ》」は成立《なりた》たないのです。不幸《ふこう》な女性を奥様《おくさま》に有《も》った良人《おっと》ほど気《き》の毒《どく》な良人《おっと》はありません。男性が本当《ほんとう》に幸福であるためには、女性が本当に幸福でなければなりません。男性が「家《いえ》」をそとにして酒場《さかば》あたりにさまようのを、「良人《おっと》ばかり好《よ》い目をして、女性を蹂躙《ふみにじ》っている」とお考えになるのは勘違《かんちが》いです。酒場へでも逃《のが》れて行《ゆ》かなけ

頭注版㉙四七頁

ればならない良人《おっと》の寂《さび》しい物足《ものた》りない心情《しんじょう》がどこから起《おこ》ってくるかをお考えなさい。それは、家庭《かてい》に喜《よろこ》びがないからです。その人《ひと》の妻《つま》である女性《じょせい》が本《ほん》当《とう》に幸福《こうふく》でないからです。幸福な心の人《ひと》の側《そば》にいれば、その人は何《なん》となく幸福な感《かん》じがするのです。それは精神波動《せいしんはどう》の感応《かんのう》です。妻の側《そば》におっても何《なん》となく幸福な感じがしないのは、妻が本当に幸福ではないからです。妻たる女性が心に奏《かな》でる音楽《おんがく》が幸福なメロディを韻《ひび》かせることが是非必要《ぜひひつよう》です。幸福な「声の音楽」ですらも魅《み》せられるのが男性《だんせい》です。だから、自分《じぶん》の選《えら》んだ奥様自身《おくさまじしん》の「幸福な心の音楽」に吸《す》い寄《よ》せられない良人《おっと》とてはありません。それだのに良人《おっと》が家庭に不満足《ふまんぞく》なのは、妻の「心の音楽」が幸福の韻《ひびき》を立てないからです。光明《こうみょう》の韻《ひびき》を立てないからです。あなた自身《じしん》が幸福の放送局《ほうそうきょく》そのものにならないからです。

精神波動　一人の精神の状態が周囲に伝わる現象
感応　心が感じとりそれに反応すること

三、良人《おっと》を妻《つま》に引附《ひきつ》けておく秘訣《ひけつ》

頭注版㉙四八頁

皆《みな》さんは男性《だんせい》ではありませんから、男性の心持《こころもち》がお判《わか》りにならないかも知れません。だから男性はどうしたら幸福《こうふく》になるのかお知りにならないかも知れません。では、よくお聞きなさい。男性は女性《じょせい》が幸福になってくれたら幸福になれるのです。男性というものは女性の幸福の表情《ひょうじょう》が見たいのです。多くの男性は女性が幸福の表情をしたら自分《じぶん》の生命《せいめい》でも投《な》げ出《だ》すのです。家庭《かてい》に良人《おっと》を引附《ひきつ》けておこうとするには、奥様自身《おくさまじしん》が幸福になり、奥様自身が幸福の表情をしなければなりません。

男性にとって、女性の顔貌《みめかたち》の美《び》は必《かなら》ずしも男性を引《ひき》つけるものではありません。凄《すご》いほど美しい容貌《ようぼう》の奥様《おくさま》が家《いえ》にいるのに、一層劣《いっそうおと》った容貌の女性と外《そと》で逢引《あいびき》している良人《おっと》は世《よ》の中《なか》にザラにあります。そのわけが何故《なぜ》だか皆《みな》

みめかたち　顔かたち。容姿

さんはお判《わか》りになりますか。それはね、いくら美しい容貌《ようぼう》をしていても、その女性《じょせい》が喜《よろこ》んでくれなかったら、また喜んでいても、それが表情《ひょうじょう》に現《あらわ》れずに澄《す》ました顔《かお》をしていたら、女性が喜ぶのを見るのが自己《じこ》の幸福感《こうふくかん》である男《だん》性《せい》は、喜ぶ女性をもとめて「家《いえ》」を捨《す》てて酒場《さかば》に彷徨《さまよ》ったりするのです。

酒場の女を売笑婦《ばいしょうふ》だというのは実《じつ》に穿《うが》った言葉です。皆《みな》さん、男性は肉欲《にくよく》を買いに行《ゆ》くのではありません。そう思うのは女性が男性を知らないからです。肉欲《にくよく》なら奥様《おくさま》のある良人《おっと》なら家庭《かてい》にいて好《この》ましいときにいつでも充《み》たすことが出来《でき》るのです。それを殊更外部《ことさらがいぶ》へ出て得《え》ようとするはずはありません。では、何《なん》のために、男性は妓楼《ぎろう》や酒場《さかば》へ行《ゆ》くのでしょうか。それは「笑い」を買いに行《ゆ》くのです。そして彼等《かれら》は「笑い」を売るのです。だから「売《ばい》笑婦《しょうふ》」というのですよ。「あんな美しい奥様があるのに、あんな醜《みにく》い売笑《ばいしょう》婦《ふ》に戯《たわむ》れている」――この批評《ひひょう》を受けなければならないような良人《おっと》ほど気《き》の毒《どく》な方《かた》はありません。

穿った　物事の本質や人情の機微などを言い当てた

妓楼　遊女を置いて客を遊ばせる店。遊女屋

四、先《ま》ず鏡《かがみ》に向《む》って自分《じぶん》の顔《かお》を見よ

先《ま》ず鏡に向《むか》ってあなたのお顔を映《うつ》して御覧《ごらん》なさい。白粉《おしろい》の塗《ぬ》り方《かた》の稽古《けいこ》をせよというのではありません。どんな表情《ひょうじょう》をしているか、表情に険《けん》がないか、にこやかであるか、渋面《じゅうめん》を造《つく》っていないか、ベソをかいていないか——それを検討《けんとう》しなければなりません。そして表情の険《けん》を平和《へいわ》に変え、渋面を莞爾《にこやか》に変え、苦悩《くのう》の表情を歓《よろこ》びのそれに変えねばなりません。「済《す》みませんが、私の表情は生《うま》れつきですわ」などといって、ツンと澄《す》ましているようなことでは、家庭《かてい》の幸福《こうふく》は望《のぞ》めません。あなたの顔の骨格《こっかく》はあなたの生《うま》れ附《つ》きかも知れませんが、（顔の骨格でも、信仰《しんこう》によって変化《へんか》した例《れい》もありますが）表情はあなたの自由《じゆう》に出来《でき》るのです。芝居《しばい》の役者《やくしゃ》を御覧《ごらん》なさい。ヒステリーの配役《はいやく》が当《あた》ったらヒステリーの表情をしますし、幸福者《こうふくしゃ》の配役が当《あた》った

頭注版㉙四九頁

険がある　顔つきや言葉などがとげとげしいこと

渋面　不愉快そうな顔つき。しかめつら

莞爾（かんじ）　にっこりと笑うさま

ヒステリー　神経症の一つ。精神的な抑圧や葛藤や鬱屈が身体症状や精神症状となって現れ、感情を統御できずに発作的に激しい興奮状態を呈する

ら幸福《こうふく》な表情《ひょうじょう》をするではありませんか。自由《じゆう》に出来《でき》ない固定《こてい》した表情というものがありますならば、それは心の習慣《しゅうかん》です。肉体《にくたい》は心の反映《かげ》なのですから、心を幸福にして表情を幸福にする習慣をつければ誰《たれ》にでも出来ることです。鏡《かがみ》に向《む》って顔《かお》の表情のいくらかでも固苦《かたくる》しいということを発見《はっけん》された方《かた》は、一日《にち》一回《かい》は必《かなら》ず今日《きょう》から鏡《かがみ》に向《むか》って幸福な笑いの表情のお稽古《けいこ》をなさいませ。

五、つまらない小事《しょうじ》を軽蔑《けいべつ》するな

つまらない事《こと》をお教《おし》えするとお考えになるかも知れません。しかし、案外《あんがい》つまらないと思っていることから大事《だいじ》が起《おこ》ってくるのです。蟻《あり》の孔《あな》から堤《つつみ》が崩《くず》れ、奥様《おくさま》が表情の操縦法《そうじゅうほう》を知らぬために家庭《かてい》が破壊《はかい》するのです。欧洲大《おうしゅうたい》戦《せん》は一発《ぱつ》のピストルの引金《ひきがね》の引《ひ》き方《かた》によって勃発《ぼっぱつ》したのです。これは笑いご

頭注版㉙五〇頁

蟻の孔から堤が崩れる 堅固につくった堤防も蟻があけた小さな穴が原因となって崩れるの意から、ほんのわずかな油断や不注意がもとで大事を招くということのたとえ

欧洲大戦 サラエボ事件をきっかけに一九一四年から一九一八年にかけて戦われた第一次世界大戦。ドイツを中心とする同盟国と、イギリスなどの連合国との二つの陣営が、ヨーロッパを主戦場に世界各地で戦った

勃発 事件などが突然発生すること

とではないのです。すべて些細《ささい》なことが大切《たいせつ》なのです。女性《じょせい》にとっては女《じょ》性自身《せいじしん》の笑顔《えがお》などは、（自分《じぶん》には見えないから）何《なん》でもないかも知れませんが、男性《だんせい》にとってはこちらからは見えるのですから関心《かんしん》の的《まと》なのです。女性が幸福《こうふく》そうに微笑《ほほえみ》を湛《たた》えていてくれたら、男性は幸福なのです。幸福であっても取《と》り澄《す》まして幸福らしくない表情《ひょうじょう》を見せるなら、「ああ妻《つま》は幸福でない！」と思うのです。良人《おっと》はその時本当《ときほんとう》に淋《さび》しくなります。一回《かい》、二回、三回……は更《さら》に奥様《おくさま》の機嫌《きげん》を買おうとしてお愛想《あいそう》をするかも知れません。しかし、どんなに機嫌を買ってもその奥様が幸福な表情になってくれない時《とき》には、「ああ、遂《つい》に自分はこの女性を幸福にする資格《しかく》はないのだ」と良人《おっと》は失望落胆《しつぼうらくたん》、その懊悩《こころのなやみ》を紛《まぎ》らすために酒でもあおるべく外《そと》に飛び出すのです。すると、外の酒場《さかば》には、街《まち》の女が待っている。そして、彼《かれ》の顔《かお》を見ると、如何《いか》にも嬉《うれ》し気《げ》ににこやかな微笑《ほほえみ》で迎《むか》えてくれる……。

懊悩（おうのう）　心の奥で悩みもだえること

六、誰《たれ》が良人《おっと》の愛を戦《たたか》いとるか

こうなると、もう勝敗《しょうはい》の数《すう》は定《きま》っているのです。「彼女《かのじょ》は私の来《き》た事《こと》を喜《よろこ》んでくれた」とその男は思うのです。自分《じぶん》の妻《つま》は自分の存在《そんざい》を喜んでくれなかったけれども、この女性《じょせい》は自分の存在を喜んでくれた。自分はこの女性を幸福《こうふく》にし得《え》たのだと思えば、その男性《だんせい》は有頂天《うちょうてん》の幸福感《こうふくかん》を味《あじ》わうのです。何故《なぜ》なら男性の幸福感は女性を幸福にし得《え》たという実感《じっかん》から反射的《はんしゃてき》に湧《わ》いて来《く》るのですから、男性は女性を幸福にしてあげたいのが本能《ほんのう》なのです。この本能は実《じつ》に実《じつ》に力強《ちからづよ》いものなのです。この本能を満足《まんぞく》せしめないときには、男性は自暴自棄《じぼうじき》になり、焼糞《やけくそ》になり、狂乱的《きょうらんてき》になり、他《た》に、自分の幸福になし得《う》る女性を求めて家庭《かてい》の外《そと》に走り出《い》でるのです。

家庭の外《そと》にはどんな女性が待っていますか。媚《こび》を売る女が待っているので

頭注版㉙五一頁

自暴自棄　失望してやけになること。投げやりな行動をとること

す。笑いを売る女が待っているのです。家庭《かてい》の中《なか》で奥様《おくさま》のどんな幸福《こうふく》な顔《かお》をも見得《みえ》なかった男性《だんせい》は、そこにひと目自分《めじぶん》を見るや否《いな》や喜《よろこ》んでくれる女性《じょせい》の顔を見出《みいだ》すのです。自分の顔を見ることによって幸福になったであろうところの女性の笑顔《えがお》を見出《みいだ》すのです。その女性は彼《かれ》を見たので本当《ほんとう》に幸福になって喜んだのではないかも知れない。ただ誘惑《ゆうわく》するために、媚《こび》を売るために、男性を見た瞬間《しゅんかん》、幸福そうな微笑《ほほえみ》を表情《ひょうじょう》にあらわす習慣《しゅうかん》を持っているのかも知れない。しかし、女性の幸福そうな表情に餓《う》えている男性は、もうそれだけで満足《まんぞく》するのです。彼は商売人《しょうばいにん》の女にかくして虜《とりこ》にされてしまうのです。

あなたの対抗者《たいこうしゃ》は、あなたの良人《おっと》の顔を見た一瞬《いっしゅん》に、たちまち幸福になったかの如《ごと》く輝《かがや》いた幸福の微笑《ほほえみ》を投げかけてくれる女性です。

しかし、すべての奥様《おくさま》よ、その外部《がいぶ》の女性に対抗《たいこう》するだけの幸福の表情の準備《じゅんび》が出来《でき》ておりますか。奥様というものは良人《おっと》の顔を見慣《みな》れているから、空気《くうき》は常《つね》にあっても、慣《な》れているから、有難《ありがた》く感《かん》じないと同じように、目が覚《さ》めたときに、顔《かお》を見合《みあ》わしたときに、良人《おっと》の送《おく》り迎《むか》えに、別《べつ》に何《なん》の嬉《うれ》しそうな表情《ひょうじょう》も、幸福《こうふく》そうな表情もなさらないのではありませんか。それではあなたの良人《おっと》は「女性《じょせい》を幸福にしたい本能《ほんのう》」を満《み》たし得《え》た自覚《じかく》が起《お》こってまいりません。この本能が「自分《じぶん》の幸福にし得《う》る女性」を求めて良人《おっと》を外部《がいぶ》に走らすのに何《なん》の不思議《ふしぎ》がありましょう。ジャンヌ・ダルク一人《ひとり》を喜《よろこ》ばすことが出来《でき》ると思ったら皆《みん》な生命《いのち》を抛《な》げ出《だ》して戦《たたか》ったのが男性《だんせい》です。

七、良人《おっと》を幸福にする秘訣《ひけつ》

「私はあなたによって幸福になっているのです。あなたがいてくれるので嬉しいのです。」良人《おっと》の顔を見るときに、良人《おっと》の送り迎えに絶《た》えずこれを囁《ささや》きかけている幸福な表情をするように自分自身《じぶんじしん》の表情姿態《したい》を訓練《くんれん》なさい。これ

ジャンヌ・ダルク Jeanne d'Arc 一四一二～一四三一年。フランスの愛国者。農家の娘。救国の神託を受けたとしてシャルル七世より軍隊を授けられてイギリス軍を破り、オルレアンを解放した。後にイギリス軍に捕らえられ、火刑に処せられた。一九二〇年にローマカトリック教会の聖女に列せられた。オルレアンの乙女

頭注版㉙五三頁

があなたの良人《おっと》を幸福《こうふく》にする秘訣《ひけつ》です。もし何《なに》かの機会《きかい》で、良人《おっと》が誘惑《ゆうわく》に逢《あ》ったとしても、彼《かれ》はその時《とき》、自分《じぶん》によって幸福にされている妻《つま》の表情《ひょうじょう》を思い出し、この妻を不幸《ふこう》にしてはならないと、たちまちその誘惑から脱出《だっしゅつ》することが出来《でき》るのです。

良人《おっと》の顔《かお》を見ても少しも幸福感《こうふくかん》を表現《ひょうげん》しない無表情《むひょうじょう》な女性《じょせい》——それどころか、家《いえ》をよくしたいとか、良人《おっと》をよくしたいとか、動機《どうき》は大変結構《たいへんけっこう》なことでありましょうが、事毎《ことごと》に良人《おっと》の欠点《けってん》を見附《みつ》けて軽蔑《けいべつ》し批判《ひはん》する女性、良人《おっと》の顔見るたび毎《ごと》に心配《しんぱい》そうな表情をしたり、不平満々《ふへいまんまん》で膨《ふく》れた面《かお》をする女性、その上《うえ》無理《むり》な誅求《ちゅうきゅう》をする、喚《わめ》きたてる——そんな奥様《おくさま》はこの読者《とくしゃ》の中《なか》にはいられないとは思いますが、もしいられましたら反省《はんせい》して下《くだ》さい。あなたはそれで幸福ですか。良人《おっと》の御機嫌《ごきげん》はよろしゅうございますか。良人《おっと》はそんなにも奥様を幸福にしたがっているのに、奥様はそれに酬《むく》いていられますか。

誅求　金銭などをむさぼり求めること。税などを厳しく取り立てること

外《そと》には、彼《かれ》をひと目見るだけでも幸福《こうふく》になってくれるらしい表情《ひょうじょう》をしてくれる女性《じょせい》がいるのです。それだのに内《うち》には彼を百たび千たび見ながら、否《いな》、見るだけではない。色々彼女《いろいろかのじょ》を幸福にしたいと苦心《くしん》しているにかかわらず、やっぱり幸福な表情をしてくれない女性しかいないとしたら……もう勝敗《しょうはい》の数《すう》は定《きま》っています。

八、傾城《けいせい》、傾国《けいこく》、奥様《おくさま》の笑顔《えがお》一《ひと》つ

皆《みな》さん家庭《かてい》を幸福にする秘訣《ひけつ》は、良人《おっと》の顔《かお》を見るときの奥様の笑顔一つにあるのですよ。年頃《としごろ》の息子《むすこ》、娘《むすめ》が、親《おや》に背《そむ》いて行《ゆ》くか行《ゆ》かないかも親の表情一つにあるのです。自分《じぶん》がここにいることを喜《よろこ》んでくれないで、顔見る毎《ごと》に絶《た》えず口小言《くちこごと》をいっているようなことでは、良人《おっと》でも息子でも娘でも、「私がここにいることは、妻《つま》を、母を、兄弟《きょうだい》を、幸福にすることではない」と思

頭注版㉙五四頁
傾城、傾国 『漢書』にある言葉。美人のたとえ。美しさのために人心を惑わして城や国を傾けること

って、その「家《いえ》」に背《そむ》いて往《い》ってしまうのです。さればこそ「生長《せいちょう》の家《いえ》の歌《うた》」は次《つぎ》の如《ごと》く歌っていう。

君《きみ》は絶えず暗黒《あんこく》を撒《ま》いて歩く
不快《ふかい》な人間《にんげん》を見たことはないか、
君は眉《まゆ》をひそめた
悲しい表情《ひょうじょう》の人々《ひとびと》に接《せっ》したことはないか、
君は表情が、
どんなに伝染力《でんせんりょく》の強いものかを
経験《けいけん》したことはないか。
悲しい表情をした人間は
悲しみを撒《ま》いて歩く、

さればこそ　そうであるからこそ

「生長の家の歌」　著者が霊感によって書き記した多くの詩。『生命の實相』「聖詩篇」に収録されている。上掲の詩は本全集第三十三巻「聖詩篇」一九三頁の「光明と暗黒」と題された詩

不快《ふかい》な表情《ひょうじょう》をした人間《にんげん》は
不快を撒《ま》いて歩く、
それは黴菌《ばいきん》を撒《ま》いて歩くよりも
尚《なお》大きな罪悪《ざいあく》である。

また君《きみ》は絶《た》えず光明《こうみょう》を撒《ま》いて歩く
愉快《ゆかい》な人間を見たことはないか。
君は絶えずその唇《くちびる》に
幸福《こうふく》な微笑《びしょう》をただよわし
逢《あ》う人毎《ひとごと》に
幸福をうつして歩く人間を見た事《こと》はないか。
君は表情が
どんなに伝染力《でんせんりょく》の強いものかを

経験《けいけん》したことはないか。

君《きみ》は与えるものがないことを
歎《なげ》いてはならない。
君は与えるものがなくとも
幸福《こうふく》な表情《ひょうじょう》は与えることが出来《でき》るのだ。
子供《こども》の顔《かお》を見るとき
良人《おっと》の顔を見るとき
妻《つま》の顔を見るとき
兄弟《きょうだい》の顔を見るとき
姉妹《しまい》の顔を見るとき
八百屋《やおや》に挨拶《あいさつ》するとき
風呂場《ふろば》で知った人《ひと》に遇《あ》うとき

君《きみ》が幸福《こうふく》な表情《ひょうじょう》さえすれば
君は幸福を与えて歩く。

幸福な表情をした人間《にんげん》は
幸福を撒《ま》いて歩く、
愉快《ゆかい》な表情をした人間は
愉快を撒《ま》いて歩く
それは物《もの》を与えるよりも
一層《いっそう》好《よ》い贈物《おくりもの》であるのだ!

第六章　結婚前《けっこんまえ》の娘及《むすめおよ》び母への注意《ちゅうい》

頭注版㉙五八頁

一、良人《おっと》の選《えら》び方《かた》

頭注版㉙五八頁

未婚《みこん》の娘にとっては、如何《いか》なる良人《おっと》を選ぶかということは最《もっと》も大切《たいせつ》なことであります。それは生涯《しょうがい》を賭《か》けた冒険《ぼうけん》であります。結婚後《けっこんご》の婦人《ふじん》の運命《うんめい》は、その大半《たいはん》を自分《じぶん》が選《えら》んだ良人《おっと》の生活《せいかつ》によってその幸不幸《こうふこう》が定《き》まるといわねばなりません。

しかし自分が相手《あいて》をどんなに選んだからとてその相手が必《かなら》ずしも自分の良人《おっと》になってくれるとは定《きま》ってはいません。また必ずしも自分の選《えら》び方《かた》が正しいとは極《きま》っていません。生長《せいちょう》の家《いえ》では、「環境《かんきょう》は自分の心の影《かげ》」だと申《もう》します。「立ちむかう人《ひと》の心は鏡《かがみ》なり、己《おの》が姿《すがた》を映《うつ》してや見ん」と黒住教祖《くろずみきょうそ》は詠《よ》まれました。自分の運命《うんめい》を幸福《こうふく》にするところの善《よ》き良人《おっと》を自分の身辺《しんぺん》に引きつけるためには、自分自身《じぶんじしん》がそれを引附《ひきつ》け得《う》るところの磁石《じしゃく》となることが必要《ひつよう》です。

善《よ》き良人《おっと》となるべき相手方《あいてがた》を引寄《ひきよ》せ得《う》るためには、悪《あ》しき良人《おっと》となるべき相手を反撥《はんぱつ》するような雰囲気《ふんいき》を有《も》っていなければなりません。ただ雑然《ざつぜん》と、猫《ねこ》も杓子《しゃくし》も、男性《だんせい》でありさえすれば引附《ひきつ》けるような雰囲気を有《も》っていることは危険《きけん》です。どんな男性をでも数多《かずおお》くさえ引附《ひきつ》ければ好《よ》いのは、男を魅惑《みわく》す

黒住教祖　安永九～嘉永三年。黒住教の教祖。江戸時代の神道家。備前・今村宮の神官の子。文化十一年に朝日を拝して天照大御神との合一を感得し、布教を始める。著書に『御定書』などがある

るのが稼業《かぎょう》である女性《じょせい》のことです。あなたにとって必要《ひつよう》なのは、ただあなたの将来《しょうらい》を幸福《こうふく》にし得《う》る男性《だんせい》をさえ引附《ひきつ》ければ好《よ》いのです。そういう男性のみに魅力《みりょく》ある女性となれば好《よ》いのです。さてそんな男性をのみ引附《ひきつ》けるにはどうしたら好《よ》いでしょうか。

二、類《るい》は類を招《よ》ぶ心の法則《ほうそく》

人《ひと》と人との牽引《けんいん》は「類は類を招《よ》ぶ」という心のリズムの共鳴《きょうめい》の法則に従《したが》うのです。男性は女性を牽引し、女性は男性を牽引するのであって、却《かえ》って類を異《こと》にする者同士《ものどうし》が牽引するのだといって抗言《こうげん》する人《ひと》があります。しかしこれは全《まった》く別問題《べつもんだい》です。男女相牽《だんじょあいひ》くのは陰陽和合《いんようわごう》の法則でありまして、心のリズムの共鳴の法則とは別個《べっこ》のことであります。ラジオ・セットは陰陽相引《いんようあいひ》く法則により、電気《でんき》の陰陽の両極《りょうきょく》を結合《けつごう》することによって組立《くみた》てられてい

稼業　生計を立てるための職業

頭注版㉙五九頁

牽引　引き合う。引き寄せる

抗言　相手に逆らって言うこと。またその言葉

ます。しかし、そのラジオ・セットに起《おこ》っているラジオ波《なみ》は同じ波長《はちょう》の放送《ほうそう》のみを引附《ひきつ》けるのです。それと同じように男女《だんじょ》は陰陽和合《いんようわごう》の法則《ほうそく》により異性《いせい》互《たがい》に相牽引《あいけんいん》しますが、異性のうちで最《もっと》も多く牽《ひ》きつけるのは、心のリズムの合《あ》った人《ひと》です。そうすれば、善《よ》き良人《おっと》となるべき男性《だんせい》を引附《ひきつ》けようと思うならば、自分自身《じぶんじしん》が欲《ほっ》する自分《じぶん》の良人《おっと》に有《も》って欲《ほ》しいと同じような心の雰囲気《ふんいき》を作るように心掛《こころが》けなければなりません。

三、娼婦的化粧《しょうふてきけしょう》をすれば浮気男《うわきおとこ》を招《よ》び寄《よ》せる

世間《せけん》には男の眼《め》を牽《ひ》こうと思ってケバケバしい化粧《けしょう》をし、交際場裡《こうさいじょうり》に出《しゅっ》入《にゅう》しさえしておれば、男性は自分の美《び》に魅惑《みわく》せられ、恋《こ》い心《ごころ》を起《おこ》して結婚《けっこん》を申《もう》し込《こ》むであろうと考えている人があるようです。しかし、これほど間違《まちが》った考えはありません。夜会《やかい》で口紅《くちべに》を真赤《まっか》に塗《ぬ》り、カクテルを飲んだり、ダン

頭注版㉙六〇頁

夜会 夜に開かれる社交のための宴会

カクテル cocktail 洋酒に果汁、シロップ、氷片などを調合した混合酒。転じて、いろいろなものを混ぜ合わせたもの

スをしたり、巻煙草《まきたばこ》を吹《ふ》かしたりする女性《じょせい》のところへ、男性《だんせい》たちはおそらく多勢《おおぜい》集《あつま》ってくるかも知れません。しかし、かくして集《あつま》って来《き》た男性たちは、決《けっ》して真面目《まじめ》にその女性と結婚《けっこん》しようと思って集《あつま》ってくるのではありません。そんな浮気《うわき》な雰囲気《ふんいき》を漂《ただよ》わす女性のところへ引附《ひきつ》けられて来《く》る男性はやはり浮気《うわき》な男性ばかりです。彼等《かれら》は、あなたを一時《いちじ》は愛してくれるでありましょう。しかしそれは浮気《うわき》な気持《きもち》で愛してくれるのです。蝶《ちょう》が花から花へと渡《わた》って花蜜《かみつ》を追うて移《うつ》り楽しむように、彼等《かれら》はあなたから彼女《かのじょ》へ、彼女からあなたへと、ピアノの鍵盤《けんばん》をさ渡《わた》る指のように転々《てんてん》として恋《こい》の花蜜《かみつ》を盗《ぬす》んで、そこに快楽《かいらく》を得《え》ようとする男性が多いのです。

さ渡る　「さ」は接頭語。移動する。横切る

四、机上《きじょう》の草花《くさばな》となるな

頭注版㉙六〇頁

私は決《けっ》してそういう場所《ばしょ》に集《あつま》る男性がみんな堕落《だらく》していると申《もう》すのではあ

りません。真面目《まじめ》な青年《せいねん》もいることでしょう。しかし、あなたの雰囲気《ふんいき》が、そんなことでは真面目《まじめ》な青年の雰囲気を引附《ひきつ》けるに足りないのです。青年がそういう女性《じょせい》に対《たい》する場合《ばあい》にはただ一時《じ》を楽しむ机上《きじょう》の草花《くさばな》として愛するのです。嫌《きら》いはしませんが永久《えいきゅう》にこの女性と家庭《かてい》を作ろうとは思いません。

あなたはもっともっと男性《だんせい》の心理《しんり》を知らねばなりません。男性が永久の伴侶《はんりょ》として女性を考えてみる場合《ばあい》には、彼女《かのじょ》が自分《じぶん》の家庭に妻《つま》として生活《せいかつ》している場合を予想《よそう》して、その状態《じょうたい》を心の中《なか》に描《えが》いてみるのです。そして家庭の中《なか》にあなたが口紅《くちべに》を真赤《まっか》に塗《ぬ》り、若い男たちとカクテルを飲んだり、ダンスをしたりしているであろう姿《すがた》を心の中《なか》に描《えが》いたときあなたはもう家庭の妻としては不適当《ふてきとう》な存在《そんざい》であるとして結論《けつろん》され、決《けっ》してあなたは「永遠《えいえん》の妻」としての求愛《きゅうあい》を受けることは出来《でき》ないのです。たといかくしてあなたが男性からの求愛を受けられたにしても、それはあなたを「永遠の妻」として求められたのではなく、机上《きじょう》の一輪挿《いちりんざし》のように一時的《じてき》の愛翫物《あいがんぶつ》として求められた

たとい　「たとえ」に同じ

愛翫物　かわいがったり、大切にしたりして楽しむもの

に過《す》ぎません。何故《なぜ》なら、あなたの装《よそお》いや雰囲気《ふんいき》が家庭《かてい》にあなたを置《お》き直《なお》してみて適当《てきとう》な落附《おちつ》いた奥様《おくさま》としての感《かん》じを出していませんから。浮薄《ふはく》な恋愛《れんあい》結婚《けっこん》がやがて間《ま》もなく破局《はきょく》の運命《うんめい》に出会《であ》うのもそのためです。

五、真面目《まじめ》な男性《だんせい》は家庭を予想《よそう》して女性《じょせい》を選《えら》ぶ

結局《けっきょく》、よき良人《おっと》となるべき男性は、自分《じぶん》の予想する「家庭」という背景《はいけい》に、良妻《りょうさい》の候補《こうほ》となるべき女性を置いて考えるものであります。一個《こ》の女性――ただそれだけが如何《いか》に美しくとも、それは手折《たお》らるべき魅力《みりょく》の感ぜられる花であるにしましても、彼《かれ》はその花を必《かなら》ずしも家庭の中《なか》に植附《うえつ》けるべき永遠《えいえん》の伴侶《はんりょ》とは考えないのです。草花《くさばな》は花園《はなぞの》や一輪挿《いちりんざし》には好《よ》いにしても、それは正式《せいしき》の前栽《せんざい》に植込《うえこ》むべき樹木《じゅもく》にはならないのです。庭園《ていえん》の植込《うえこみ》になる樹木には「美《び》」は「美」であっても、もっと落附《おちつ》きのある「美」を必要《ひつよう》とす

浮薄　軽々しく、あさはかなこと

破局　事態が行き詰まって悲劇的な終局を迎えること

頭注版㉙六二頁

前栽　草木を植え込んだ庭。庭先の植え込み

るのです。それと同じく一生《いっしょう》の伴侶《はんりょ》として家庭《かてい》の中《なか》に植込《うえこ》まるべき女性《じょせい》には「口紅《くちべに》を塗《ぬ》って夜会《やかい》でカクテルを飲む女」とはもっと異《こと》なる美《び》を必要《ひつよう》とするのです。

未婚《みこん》の真面目《まじめ》な男性《だんせい》たちはどういう婦人《ふじん》を自分《じぶん》の家庭に「生涯《しょうがい》の伴侶」として得《え》ようかと考えているのです。それはおそらく綺羅美《きらび》やかに飾《かざ》った富《ふ》豪《ごう》の令嬢《れいじょう》ではありますまい。「吾《わ》れ富《と》めるが故《ゆえ》に男の心を引附《ひきつ》け得《う》、吾《わ》れ美しき装《よそお》いをするが故《ゆえ》に良《よ》き良人《おっと》を引附《ひきつ》け得《う》」と考えていられる富豪の令嬢は失望《しつぼう》なさるかも知れません。例外《れいがい》は別《べつ》として、一般《いっぱん》の青年《せいねん》は、家庭の中《なか》で孔《く》雀《じゃく》のように振舞《ふるま》いそうな華麗《かれい》な女性を自分の妻《つま》とはしたがりません。またあなたの家《いえ》の「富《とみ》」を目的《もくてき》として結婚《けっこん》を申込《もうしこ》むような卑劣《ひれつ》な男性は唾棄《だき》すべきです。男性には誇《ほこり》がなければならないのです。おそらく男性的矜持《だんせいてきほこり》を持った真面目《まじめ》な青年が求めているのはそんなに富んでいない家《いえ》の令嬢《むすめ》でありましょう。また、それが或《あ》る場合《ばあい》富んでいる家《いえ》の令嬢《れいじょう》であるにしても、そんなに

矜持（きょうじ）　自負。プライド

孔雀《くじゃく》の女王《じょおう》のように家《いえ》の中《なか》で振舞《ふるま》わないような、落附《おちつ》いた美しさのある頼母《たのも》しい女性《じょせい》でありましょう。この点《てん》に於《おい》て、貧《まず》しき女性も、富《と》める女性も未婚《みこん》の真面目《まじめ》な男性《だんせい》の前《まえ》には平等《びょうどう》の位置《いち》に置かれているものであることを知らねばなりません。「貧しさ」必《かなら》ずしも悲観《ひかん》すべからず、「富める者《もの》」また楽《らっ》観《かん》すべからずであります。

六、真面目《まじめ》な未婚青年《みこんせいねん》はどんな女性を選《えら》ぶか

しかし、富《と》める青年《せいねん》は別《べつ》として、普通一般《ふつういっぱん》の青年男子《せいねんだんし》は、どんな天才《てんさい》でも、社会《しゃかい》へ出て間《ま》もなくですから、そんなに収入《しゅうにゅう》はありません。また親《おや》の財産《ざいさん》を当てにして贅沢《ぜいたく》をするような青年では前途《ぜんと》の見込《みこみ》はありません。ですから、普通《ふつう》の青年の乏《とぼ》しい収入で生活《せいかつ》を送り得《う》るような女性こそ、家庭の虔《つつ》ましやかな婦人《ふじん》として求められるのではないでしょうか。かかる婦人は贅沢《ぜいたく》

頭注版㉙六三頁

したいとは申《もう》しませんし、また綺羅美《きらび》やかな衣裳《いしょう》をも求めますまい。すべての物《もの》は手際《てぎわ》よく深切丁寧《しんせつていねい》に処置《しょち》せられ、質素《しっそ》で、綺麗《きれい》で、純《じゅん》な百合《ゆり》の花のような清浄《せいじょう》さに整理《せいり》さるることでしょう。また必要《ひつよう》あらば足袋《たび》の爪先《つまさき》にも手際《ぎわ》よく補布《つぎ》を当ててもくれましょう。寝床《ねどこ》のシーツにも常《つね》に爽《さわや》かな白さを保《たも》たせてくれることでしょう。お金《かね》のかからない、それでいて愛情《あいじょう》の籠《こも》った歓待《もてなし》が家庭《かてい》の中《なか》を幸福《こうふく》の天国《てんごく》にしてくれることでしょう。かかる婦人《ふじん》は、真《しん》の幸福とは、富《とみ》の多寡《たか》によらないで誠心《まごころ》と愛情とによることを示してくれるでしょう。おそらく真面目《まじめ》な未婚《みこん》の青年《せいねん》はこういう婦人を心に描《えが》いているのです。あなたが、真面目《まじめ》な未婚の青年を引附《ひきつ》けようとお考えになるならば、こういう女性《じょせい》となり得《う》るように心掛《こころが》けねばなりません。

清浄　清らかでけがれのないこと
つぎ　衣服などの破れを繕うための布
多寡　多いことと少ないこと

七、家庭を持つまでの実際的準備《じっさいてきじゅんび》

頭注版㉙六四頁

社会生活《しゃかいせいかつ》に出発《しゅっぱつ》してまだ間《ま》もない収入《しゅうにゅう》乏《とぼ》しき良人《おっと》にして、もしその妻《つま》がその乏しき収入では幸福《こうふく》な憩《いこ》い場所《ばしょ》を家庭《かてい》に造《つく》ることが出来《でき》ないようでありましたならば、その良人《おっと》はどんなにか憫《あわ》れなものでありましょう。慣《な》れない社会生活で労《ろう》し切《き》った心を抱《かか》えてその良人《おっと》が家庭に帰って来《き》たときに、そこにはただ殺風景《さっぷうけい》と、良人《おっと》の収入少《すくな》きを白眼視《はくがんし》する若夫人《わかふじん》の眼《め》が待っているのであったならば、良人《おっと》としてどんなにか寂《さび》しいことでありましょう。妻が良人《おっと》の乏しい収入では生活《せいかつ》の仕方《しかた》を知らないようなことでは、それは全《まった》くの家庭悲劇《かていひげき》です。富《と》める家庭に育った女性《じょせい》ほどこうした悲劇《ひげき》を起《おこ》し易《やす》いのです。この点《てん》でわずかな費用《ひよう》で、見た目に美しく、食べて美味《おい》しく、栄養価値《えいようかち》ある料理《りょうり》が出来《でき》る女性が新妻《にいづま》であったならばどんなにか楽しいことでしょう。また野《の》に咲《さ》く草花《くさばな》をそのまま採《と》って来《き》て、有《あ》り合《あ》わせの鉢《はち》でも皿《さら》でも自《じ》由《ゆう》に利用《りよう》して部屋《へや》をつつましやかに装飾《そうしょく》出来る投入盛花《なげいれもりばな》などを知っていてくれたならどんなにか助けになるでしょう。普通《ふつう》の和裁洋裁洗濯法《わさいようさいせんたくほう》の心得《こころえ》が

白眼視　冷たい眼で見ること

投入　生け花で、剣山を使わずに筒状の花器に花材を留めて生けること

盛花　生け花で、剣山を使って水盤などに盛り込むように花材を生けること

あることはいうに及《およ》ばず、その切《き》れ端《はし》などを利用《りよう》して作ったフランス人形《にんぎょう》などで良人《おっと》の部屋《へや》を飾《かざ》ってくれたりしたならばどんなにか良人《おっと》は家庭《かてい》に帰って蘇生《そせい》の思いをするでしょう。この点《てん》では現在《げんざい》の高等学校《こうとうがっこう》教育《きょういく》では足りないようです。ですから高等学校《こうとうがっこう》だけしかお出《で》にならない人《ひと》は花嫁《はなよめ》の資格《しかく》をつける為《ため》に家庭の手芸一切《しゅげいいっさい》を教《おし》えてくれる花嫁学校《はなよめがっこう》に入学《にゅうがく》して一年位《ねんぐらい》はみっしり勉強《べんきょう》しておきさえすれば、どんな富《と》める家庭にお育ちになった令嬢《れいじょう》でも、また貧《まず》しき家庭の令嬢は尚更《なおさら》、新家庭《しんかてい》を「富《とみ》」なくして幸福《こうふく》にする道《みち》を知られて、今後《こんご》嫁《とつ》いで行《ゆ》く先《さき》を本当《ほんとう》に「幸福の家《いえ》」にすることが出来《でき》ましょう。今迄《いままで》の私達《わたしたち》の経験《けいけん》では花嫁学校半年《はんとし》の修業《しゅぎょう》では、全《すべ》てに於《おい》て中途半端《ちゅうとはんぱ》で、まだ充分《じゅうぶん》とはいい兼《か》ねるようであります。せめて一年《ねん》は継続《けいぞく》して滞寮《たいりょう》せられたら、それこそ完全《かんぜん》な家庭婦人《かていふじん》が出来上《できあが》ると信ずるのであります。この点《てん》に於《おい》て手芸や家庭の事務的方面《じむてきほうめん》だけでなしに、結婚後人生《けっこんごじんせい》に処《しょ》して行《ゆ》くべき万般《ばんぱん》の知識《ちしき》と精神的訓練《せいしんてきくんれん》を与える生長《せいちょう》の家《いえ》の花嫁学校の如《ごと》きをお薦《すす》め

蘇生　生き返ったように元気になること

高等学校　戦前の黒布表紙版等では「女学校」と記されていたが、本全集の底本である愛蔵版では「高等学校」と改められている

いい兼ねる　言うことができない

滞寮　寮に滞在すること。ここでは、本書執筆当時の花嫁学校であった「家庭光明寮」に寄宿して学ぶこと

したいと思います。

八、歓心《かんしん》を買う男の言葉に乗るな

青年男性《せいねんだんせい》は女性《じょせい》の歓心を買うために、そして一時《いちじ》の美しい花を眺《なが》めるために、ケバケバしく美しい化粧《けしょう》をした婦人《ふじん》に深切《しんせつ》めかしくすることがあるかも知れません。が、そんな男性から歓心を買われても本当《ほんとう》にしてはなりません。「実相《じっそう》を観《み》よ」とは何《なん》でも彼《か》でも信ぜよということではありません。嘘《うそ》は嘘《うそ》とその実相を知り、本物《ほんもの》は本物とその実相を甄別《みわ》けることです。男性が女性の歓心を買う場合《ばあい》には、往々《おうおう》自分《じぶん》の経済状態《けいざいじょうたい》について嘘《うそ》をいう事《こと》がありがちです。あなたは「もし結婚《けっこん》したならば、あなたにはこんな物《もの》を買ってあげましょう。こんな住宅《じゅうたく》に住まわせてあげましょう。これこれこれこれの贅沢《ぜいたく》をさせてあげましょう」と、自分の経済力《けいざいりょく》が如何《いか》に豊《ゆた》かであるかを

頭注版㉙六六頁

歓心を買う　相手の御機嫌をとって、気に入られようと媚びること

甄別(けんべつ)　はっきりと見分けること。本全集第二十四巻「倫理篇」下巻第八章参照

これ聴《き》けよがしにいう青年紳士《せいねんしんし》にあなたはお会いになるかも知れません。こんな場合《ばあい》に迂闊《うかつ》に乗るのは、富《と》める家《いえ》で育った女性《じょせい》よりも、貧《まず》しき家庭《かてい》で育った女性にありがちです。現在《げんざい》の貧《まず》しさと、この青年紳士と家庭を有《も》った後《のち》におそらく生活《せいかつ》し得《う》るであろうところの豪華《ごうか》な生活との対照《たいしょう》が、ともすれば華美《かび》を求める貧しき女性を誘惑《ゆうわく》しがちでありましょう。毎日《まいにち》毎日逢《あ》う度毎《たびごと》にその青年紳士から聴《き》かされる将来《しょうらい》の華美な生活――その言葉の暗示力《あんじりょく》が遂《つい》に積《つも》り積《つも》ってあなたを誘惑して、ついにあなたはその青年紳士のものになる――しかし、その青年紳士のものになってから真実《しんじつ》を知ったときには、まだ職業《しょくぎょう》もない、或《あるい》は極々薄給《ごくごくはっきゅう》のルンペンにも等《ひと》しい青年《せいねん》に過《す》ぎなかったということはありがちのことであります。

　恋を恋する青年は、大抵《たいてい》そんな嘘《うそ》は罪悪《ざいあく》とは思っていないものです。彼等《かれら》の多くは戦争《せんそう》には戦術《せんじゅつ》が必要《ひつよう》であり、恋愛《れんあい》には技巧《ぎこう》が必要であると信じていがちです。彼らは人生《じんせい》に小説《しょうせつ》でも書くつもりで出鱈目《でたらめ》な空想《くうそう》を乙女《おとめ》の胸《むね》

迂闊　うっかりしていて心の行き届かないこと

薄給　給料が少ないこと

ルンペン　lumpen　ドイツ語。収入がなく、ぼろをまとってうろつき歩く者。浮浪者

の上《うえ》に描《えが》くのです。ですから、そうした結婚《けっこん》をした後《のち》の華美《かび》な生活《せいかつ》を理由《りゆう》にとって結婚にまで誘惑《ゆうわく》する男性《だんせい》のやさしい言葉を本当《ほんとう》だと思ってはなりません。

九、「実相《じっそう》を観《み》る」とは本物《ほんもの》と偽物《にせもの》とを知ること

実相《じっそう》を観《み》るということは、虚構《うそ》を真実《しんじつ》だと思い込むことではありません。虚構《うそ》を虚構《うそ》だとその実相《じっそう》を知り、真実《ほんとう》を真実《ほんとう》だとその実相《ありのまま》を知ることです。キリストも蛇《へび》の如《ごと》く叡《さと》く鳩《はと》の如《ごと》く柔和《にゅうわ》であれと仰《おお》せられました。相手《あいて》が神の子の実相《じっそう》を出しているか、仮相《かそう》の狼《おおかみ》を出しているのか見わけることが肝腎《かんじん》です。何《なん》でも彼《か》でも相手を信じさえすれば好《よ》いのだと思っていてはなりません。

本来人間《ほんらいにんげん》は善人《ぜんにん》でありますが、五官《ごかん》の快楽《かいらく》に捉《とら》われたとき仮相《にせもの》が出るので

頭注版㉙六七頁

キリスト　キリスト教の始祖。紀元前四年頃～紀元三十年頃。ナザレの大工ヨセフと妻マリアの子として生まれた。パレスチナで教えを宣布し、多くの奇蹟を起こした。ローマのユダヤ総督ピラトによって磔に処された

蛇の如く～柔和であれ　『新約聖書』「マタイ伝」第十章にあるキリストの言葉

肝腎　きわめて大切なこと

五官　外界の事物を感じ取る五つの感覚器官。目・耳・鼻・舌・皮膚

す。この点《てん》で、絢爛《けんらん》なケバケバしい服装《ふくそう》や化粧《けしょう》をして、男の眼《め》を惹《ひ》こうという考《かんがえ》は、男性《おとこ》の仮相《にせもの》を誘発《さそいだ》して「狼《おおかみ》」を引出《ひきだ》していることになるのです。男性《おとこ》が悪いのではなく、女性《おんな》みずからが五官《ごかん》の楽しみをそそる化粧服装姿態《したい》をして、男性《おとこ》の心の表面《ひょうめん》に、仮《かり》の五官にとらわれた「狼《おおかみ》」の相《すがた》を呼出《よびだ》したのです。本当《ほんとう》に恋する人《ひと》は美しい衣裳《いしょう》や白粉《おしろい》の美しさに恋するものではありません。両性《りょうせい》の牽引《けんいん》はもっと深いところに根《ね》ざしています。そこには種族《しゅぞく》の大《だい》なる選択力《せんたくりょく》が作用《はたら》いているのです。種族の大《だい》なる選択力で選び出した良人《おっと》であり妻《つま》であるなら、飽《あ》きてくるということはありません。白粉《おしろい》の化粧《けしょう》美《び》に魅《ひ》きつけられた男性《おとこ》は、彼女《かのじょ》が妻となり、母となり、家庭《かてい》の仕事《しごと》の忙《いそが》しさに白粉《おしろい》を忘れたときには、飽きて来ます。何故《なぜ》なら、彼氏《かれし》は彼女自身《かのじょじしん》に恋したのではなく、彼女の白粉美《おしろいび》に恋したのですから、それがなくなると同時《どうじ》に彼氏の恋も醒《さ》めるのは当然《とうぜん》なのです。

絢爛　きらびやかで美しいさま

十、素地《きじ》のままで男性《だんせい》に相対《あいたい》せよ

　ですから、生涯幸福《しょうがいこうふく》なる配偶《はいぐう》を選ぼうとするには、化粧《けしょう》で隠《かく》したりしないで実相《じっそう》を見せることとです。素地《きじ》のままで互《たがい》に引附《ひきつ》け得《う》るものこそ本当《ほんとう》に、種族《しゅぞく》の大きい力《ちから》が引附《ひきつ》けて結ぼうとしている相手《あいて》なのです。女性《じょせい》が化粧や服《ふく》装《そう》で隠して男性《だんせい》の注目《ちゅうもく》を得《え》ようとするのと、男性が女性の歓心《かんしん》を買うために、貧《まず》しさを富《と》めるが如《ごと》く装《よそお》い、粗暴《そぼう》な性質《せいしつ》を柔《やさ》しらしく装《よそお》うて馴々《なれなれ》しい言葉を掛《か》けるのとは五十歩百歩《ごじっぽひゃっぽ》です。それはどちらも商売《しょうばい》の掛引《かけひき》です。販売《はんばい》人《にん》が品物《しなもの》を売込《うりこ》むために掛引《かけひき》をしているのと選ぶところはないのです。瑕《きず》のあるところは互《たがい》に隠して、よい所《ところ》だけを上向《うわむ》けて商《あきな》いしている商売人《しょうばいにん》があるとしましたら、あなたはその商売人を卑《いや》しむでしょう。物品《ぶっぴん》を売る場合《ばあい》にさえ、そんなことは卑《いや》しむべきことなのです。それでは良人《おっと》又《また》は妻《つま》を選択《せんたく》さ

頭注版㉙六八頁

素地　手を加えていないもとのままのもの

粗暴　あらあらしくて乱暴であるさま

柔しらしい　いかにも優しげである

五十歩百歩　『孟子』「梁恵王上」にある言葉。どちらも同じようなもので、あまり変わらないさま。似たり寄ったり

掛引　相手の出方を見て自分に有利なように事を運ぶこと。駆け引き

選ぶところはない　同じである。区別できない

せるのに、瑕《きず》のあるところを俯向《うつむ》きにして、表面《ひょうめん》に粉《こな》を塗《ぬ》って瑕《きず》を胡魔化《ごまか》して見せているような相手《あいて》を、真面目《まじめ》な人《ひと》が選《えら》び取《と》るだろうとお思いになりましょうか。また、そんなマヤカシ物《もの》を間違《まちが》えて買うような良人《おっと》ならば今後《こんご》複雑《ふくざつ》な人生《じんせい》にどんな間違《まちがい》をしでかすかも知れませんから、あなたの良人《おっと》になさるには足りないといわねばなりません。

十一、調《しら》ぶべき材料《ざいりょう》は慎重《しんちょう》に調べよ

物品《ぶっぴん》でも少し高価《こうか》なものなら、それが本物《ほんもの》であるか贋物《にせもの》であるかを調べて買うものです。やや値段《ねだん》の張《は》る不動産《ふどうさん》なら、登記所《とうきしょ》の台帳《だいちょう》まで調べて見、抵当《ていとう》には入《はい》っていないか、何《なに》かこの不動産についてほかの人《ひと》が主張《しゅちょう》する権《けん》利《り》を持っていないかを精査《せいさ》してから、自分のものとするのです。不動産は気に入《い》らなければ買《か》い替《か》えることが出来《でき》ますし、何《なに》か良《よ》くない因縁附《いんねんづき》のもので

頭注版㉙六九頁

不動産　土地や建物など

登記所　登記の事務を取り扱う機関。登記は、不動産やその他の権利関係を公示して明らかにするために一定の事項を帳簿に記載すること

抵当　権利や財産を借金などの保証にあてること。担保

精査　くわしく調べること

因縁附　こみいった事情などが付随していること。いわく付き

あったら、出した金《かね》だけ捨《す》てたと思って権利《けんり》を拋棄《ほうき》すれば好《よ》いのです。しかし良人《おっと》は、あなたが一旦自分《いったんじぶん》の良人《おっと》と定《さだ》めた以上《いじょう》は、何《なに》か良《よ》くない因縁附《いんねんづき》のものだと判《わか》っても、そう無闇《むやみ》に捨《す》てられたものではありません。たとい捨《す》て得《う》るにしても、その時《とき》はあなたはもう処女《しょじょ》でありません。最《もっと》も尊《とうと》きものを、信ずべからざる相手《あいて》のために捧《ささ》げてしまったのです。それは取返《とりかえ》しのつかない重大《じゅうだい》な事件《じけん》なのです。無闇《むやみ》に仲人《なこうど》の言葉を信じてついウカウカと言葉に乗っては大変《たいへん》です。

十二、謝金《しゃきん》の要《い》る結婚媒介《けっこんばいかい》を信ずるな

結婚媒介を職業《しょくぎょう》にして、一《ひと》つの結婚成立毎《けっこんせいりつごと》に謝礼金《しゃれいきん》を貰《もら》うことを商売《しょうばい》にしているような媒酌人《ばいしゃくにん》の言葉を信じてはなりません。私の知っている当時《とうじ》名古屋《なごや》に住んでいた或《あ》る令嬢《れいじょう》は二十二歳《さい》で媒酌《ばいしゃく》する人《ひと》があり近日結婚式《きんじつけっこんしき》を

仲人　結婚の仲立ちをする人。媒酌人

頭注版㉙七〇頁

謝金　謝礼の金銭

媒酌人　仲人に同じ

挙《あ》げるといって私にその母から通知《つうち》が来《き》ました。その令嬢《れいじょう》は結婚後《けっこんご》は自由《じゆう》に親戚《しんせき》にも遊びに来《こ》られないかも知れぬとて、結婚前《けっこんぜん》の数日《すうじつ》を私の宅《たく》へやって来ました。私はその時《とき》、その結婚《けっこん》の媒酌人《なこうど》が職業仲介者《しょくぎょうちゅうかいしゃ》であって、この結婚が成立《せいりつ》したら両者《りょうしゃ》から五十円宛謝礼《えんずつしゃれい》を支払《しはら》う事《こと》になっているのだと聞きました。私はむしろあきれました。そういう媒酌人《なこうど》は一種《しゅ》のセールスマンなのです。嘘《うそ》でも何《なん》でも品物《しなもの》が良《よ》いようにいい触《ふ》らして、良人又《おっとまた》は妻《つま》の候《こう》補者《ほしゃ》を売込《うりこ》めば、謝金《しゃきん》が貰《もら》えるのです。私は「これは危険《きけん》だ」と思いましたが、数日後《すうじつご》に迫《せま》っている結婚にケチをつけることは出来《でき》ませんでした。

すると、どうです。媒酌人《ばいしゃくにん》のいったことは皆嘘《みなうそ》でした。新郎《しんろう》になるべき人《ひと》は百円《えん》の月給《げっきゅう》を貰っているという振込《ふれこみ》にもかかわらず、六十円しか貰っていませんでした。父親《ちちおや》はないが母親《ははおや》は某社《ぼうしゃ》の大株主《おおかぶぬし》でその配当金《はいとうきん》で優《ゆう》に生《せい》活《かつ》して行《ゆ》けるということも嘘《うそ》でした。新婦《しんぷ》には不平《ふへい》が出る。嫁入先《よめいりさき》のことも掛引《かけひき》してあった位《くらい》ですから、令嬢《れいじょう》の性質《せいしつ》なども掛引《かけひき》してバカに褒《ほ》めてあっ

五十円　現在の約十万〜十五万円に相当する

配当金　会社が株主などに分配する利益金

優に　充分に。楽に

たのです。話とまるで異《ちが》う嫁《よめ》だ、話とまるで異《ちが》う嫁入先《よめいりさき》だということになり、一年余《ねんあま》り嫁入先で苦しんだ揚句《あげく》、その新婦《しんぷ》は離縁《りえん》になりました。

　これは全《まった》く取返《とりかえ》しのつかないことです。女性《じょせい》の生涯《しょうがい》の幸福《こうふく》と不幸《ふこう》とが岐《わか》れるのは、良人《おっと》の健康《けんこう》と性質《せいしつ》の善良《ぜんりょう》と更《さら》に一緒《いっしょ》に住む良人《おっと》の父母家族《ふぼかぞく》の性質によることなのです。尤《もっと》も、どんな家族の中《なか》へでも這入《はい》り得《え》て周囲《しゅうい》を自分《じぶん》の愛の力《ちから》で光明化《こうみょうか》し得《う》る婦人《ふじん》も、わが花嫁学校《はなよめがっこう》の卒業生《そつぎょうせい》にはあることでしょう。しかしかかることを一般《いっぱん》の二十歳《さい》の新婦に期待《きたい》することはほとんど不《ふ》可能《かのう》です。やっぱり女性は先方《せんぽう》が善《よ》き良人《おっと》、善《よ》き舅姑《しゅうと》、善《よ》き家族であることを充分《じゅうぶん》調べてから、生涯の運命《うんめい》を托《たく》するのが本当《ほんとう》です。

十三、結婚《けっこん》は生活《せいかつ》だ、ロマンスではない

結婚をあまりに美しい夢《ゆめ》のようなロマンスだと考えるのは間違《まちがい》です。結婚

離縁　夫婦または養親子間の関係を断つこと

舅姑　夫または妻の両親

頭注版㉙七一頁

ロマンス romance 恋物語

には多分《たぶん》に散文的《さんぶんてき》なものがあるのです。恋愛結婚《れんあいけっこん》が多く破綻《はたん》し親《おや》の見立《みた》てた見合結婚《みあいけっこん》が割合《わりあい》に破綻率《はたんりつ》が少《すく》いのも、そんなところに起因《きいん》するでしょう。恋《こい》人《びと》と結婚《けっこん》することをロマンチックな詩《し》だと思っている人《ひと》は、結婚当座《けっこんとうざ》の甘《あま》い蜜《みつ》のような感情《かんじょう》に酔《よ》っている間《あいだ》は、悦《よろこ》びの限《かぎ》りでありましょうけれども、そんな特殊《とくしゅ》な昂奮《こうふん》はやがて醒《さ》めます。やがて夫婦《ふうふ》はもっと現実的《げんじつてき》な、静かな、散文的な生活《せいかつ》の中《なか》に悦《よろこ》びを見出《みいだ》して行《ゆ》かなければならないのです。それは日常《にちじょう》の散文的な働《はたらき》の中《なか》に、静かに「愛」を行《ぎょう》じて行《ゆ》くことです。というのは、家《いえ》を整《ととの》え、衣類《いるい》を整理《せいり》し、割烹《かっぽう》を上手《じょうず》に、良人《おっと》の家族《かぞく》に喜《よろこ》ばれるような平々凡々《へいへいぼんぼん》なる日常生活《にちじょうせいかつ》の上《うえ》に「愛」を行《ぎょう》じて行《ゆ》くことなのです。

この「愛行《あいぎょう》」に必要《ひつよう》なのは家庭《かてい》の日常生活的訓練《にちじょうせいかつてきくんれん》ということです。それには女学校《じょがっこう》を出ただけではあまりに教科書的教育《きょうかしょてききょういく》に捉《とら》われていて家庭の生《せい》活訓練《かつくんれん》が出来《でき》ません。それに適当《てきとう》な生活訓練を授《さず》ける家政学校《かせいがっこう》というようなものが近来諸々方々《きんらいしょしょほうぼう》に開《ひら》かれて来《き》たのは喜ぶべき傾向《けいこう》です。しかし手芸《しゅげい》や料《りょう》

散文的　詩情に乏しく深い味わいやおもしろみがないさま

割烹　料理。「割」は生のままで食べられる料理、「烹」は加熱して味付けした料理

女学校　旧制で、女子の中等教育を行った学校。高等女学校

理《り》ばかりでは花嫁学校《はなよめがっこう》としては足りないと思います。どんな家庭《かてい》でも家族《かぞく》でも光明化《こうみょうか》し得《う》る思想的背景《しそうてきはいけい》を有《も》った生活訓練《せいかつくんれん》でなければなりません。

十四、生活実務訓練《せいかつじつむくんれん》の必要《ひつよう》

　ロマンチックな恋愛《れんあい》の陶酔《とうすい》の一期間《きかん》も過《す》ぎ、散文的《さんぶんてき》な静かな家庭生活《かていせいかつ》が始まろうとする時《とき》、良人《おっと》を喜《よろこ》ばすものは英語《えいご》が旨《うま》く喋《しゃべ》れるということでもなく、ピアノが上手《じょうず》に弾《ひ》けるということでもなく、妻《つま》が良人《おっと》の収入《しゅうにゅう》の範囲《はんい》内《ない》で喜んで家政《かせい》がとれるということと、妻の手製《てせい》の料理《りょうり》がその良人《おっと》の嗜好《しこう》に適《てき》するということです。折角《せっかく》、官庁又《かんちょうまた》は会社商店《かいしゃしょうてん》で一日働《にちはたら》いて帰って来たのに、「収入が少《すく》ないから、これでは家政がとれない」とつぶやかれたり、「経費《けいひ》が掛《か》けられないから、美味《おい》しいものは出来《でき》ないわ」などといって胃袋《いぶくろ》を寒からしめるような料理を出されたならば、それは「良人不信任案《おっとふしんにんあん》」であ

頭注版㉙七二頁

陶酔　心を奪われてうっとりすること

嗜好　好み。主に飲食物について言う

不信任案　信頼して任せることができない旨を議決する案

ると同時《どうじ》に、良人《おっと》からも「細君不信任案《さいくんふしんにんあん》」が出ることでしょう。普通《ふつう》の家庭《かてい》で良人《おっと》の機嫌《きげん》を悪くするのは料理《りょうり》の下手《へた》さ加減《かげん》から来《く》ることが最《もっと》も多いのです。未婚《みこん》のうちから、母に就《つ》くか、花嫁学校《はなよめがっこう》に入学《にゅうがく》するかして、まだ若き良人《おっと》の少《すく》き収入《しゅうにゅう》の範囲《はんい》で、如何《いか》に家庭を気持《きもち》よくし得《う》るか、如何《いか》に料理を美味《おい》しく造《つく》るかを研究《けんきゅう》しておくことです。

十五、犠牲《ぎせい》又《また》は同情《どうじょう》のために結婚《けっこん》するな

若き女性《じょせい》は、男から「あなたなしには生きられません」などと甘《あま》い言葉を聴《き》かされたり、「二人《ふたり》は神様《かみさま》から既《すで》に夫婦《ふうふ》になるように創《つく》られているのです」と神秘《しんぴ》めかしい話を聴かされるとその言葉が度重《たびかさ》なる毎《ごと》に、言葉の暗《あん》示力《じりょく》で本当《ほんとう》にそうだろうかと思い始めるものです。「あなたは美しいですねえ」と度々《たびたび》賞《ほ》められることによって多くの女性は心を動かしますが、あまり

就く ここでは、教えを受けること

頭注版㉙七三頁

賞《ほ》め言葉《ことば》を信用《しんよう》してはなりません。多くの男性《だんせい》の中《なか》には「あなたが、私に応《おう》じてくれなければ私はもう自殺《じさつ》します」などといって脅喝《きょうかつ》するような人《ひと》が往々《おうおう》ありますが、そのような男の甘言《かんげん》は皆《みん》な嘘《うそ》言です。一人《ひとり》の女が得《え》られないために自殺するような腰抜《こしぬ》け男は自殺させる方《ほう》がその男の身《み》のためです。

同情《どうじょう》のために結婚《けっこん》を承諾《しょうだく》してはなりません。同情結婚《どうじょうけっこん》は大抵《たいてい》は最後《さいご》に「ニセ物《もの》」であるということを暴露《ばくろ》するのが普通《ふつう》です。同情は一面《めん》からいえば「弱い奴《やつ》よ」と呼《よ》びかけていることです。その一面には必《かなら》ず軽蔑《けいべつ》が伴《ともな》います。妻《つま》から軽蔑されていることは良人《おっと》の堪《た》え得《う》るところではありません。つねにそこには感情《かんじょう》の反撥《はんぱつ》が伴い、家庭《かてい》に風波《ふうは》が絶《た》えません。

また犠牲《ぎせい》になるつもりで結婚してはなりません。「犠牲《ぎせい》になっている」ということは表面《ひょうめん》は大変《たいへん》美しい言葉のように見えますが、その言葉の反面《はんめん》には、「私はあなたのために損《そん》を受けている」といっているのと同じです。「私はあなたに苦しめられている」というのと同じです。ですから、「私は

脅喝　おどしつけること

甘言　相手の気に入りそうな、口先だけのうまい言葉

風波　争いやもめごと

犠牲《ぎせい》になっている」という感情《かんじょう》を有《も》っている限《かぎ》り、遠からずその家庭《かてい》は破《は》壊《かい》するか不仲《ふなか》になります。犠牲結婚《ぎせいけっこん》はするものではありません。

十六、嫉妬深《しっとぶか》き男性《だんせい》を選《えら》ぶな

頭注版㉙七五頁

あまりに嫉妬心《しっとしん》深き男性を結婚《けっこん》の相手《あいて》に選んではなりません。嫉妬心《しっとしん》深き人《ひと》は家庭でも神経質《しんけいしつ》であって、信《しん》じ難《がた》い性質《せいしつ》をもっているために、そういう人が家庭にいては家庭が伸《の》びるものではありません。信じてこそすべては善《よ》くなる。常《つね》に信じないで疑《うたが》っていれば疑われた通《とお》りに悪くなるのが心の法則《ほうそく》です。妻《つま》の貞操《ていそう》をあまりに良人《おっと》が疑《うたが》い過《す》ぎたために、それに同情《どうじょう》した男と本当《ほんとう》に姦淫《かんいん》した婦人《ふじん》もあります。或《あ》る嫉妬《しっと》深き男は、自分《じぶん》が出勤《しゅっきん》している間中《あいだじゅう》、妻を家《うち》に閉《と》じ籠《こ》めて鍵《かぎ》をかけておくことが習慣《しゅうかん》になっていました。もしその門が何《なに》かの事情《じじょう》で開《あ》いた痕跡《こんせき》でもあるならば、叩《たた》く、抓《つね》る、蹴《け》る、

貞操　純潔を守ること

姦淫　道義に反する情事

痕跡　あと。形跡

大変《たいへん》な騒《さわ》ぎでした。そうした人《ひと》は信頼《しんらい》と寛大《かんだい》との美徳《びとく》を持《も》ち合《あわ》さないのですから、社会《しゃかい》に立っても大きく成功致《せいこういた》しません。

十七、財産《ざいさん》や家柄《いえがら》を目指《めざ》すな

頭注版㉙七五頁

男に親《おや》から譲《ゆず》られた財産が豊《ゆた》かにあるからとて、それを当てに結婚《けっこん》の相手《あいて》を定《さだ》めてはなりません。良人《おっと》を選《えら》ぶには、どうしても本人《ほんにん》の人柄《ひとがら》に拠《よ》らねばなりません。親譲《おやゆず》りの財産がいくら多くとも、現代《げんだい》のように経済的変動《けいざいてきへんどう》の多い世界《せかい》に於《お》ては昨日《きのう》の千万長者《せんまんちょうじゃ》が今日《きょう》のルンペンになることが有《あ》りがちです。頼《たの》みになるのは本人の力量《りきりょう》のみです。今《いま》は素寒貧《すかんぴん》でも力量さえあれば、数年又《すうねんまた》は十数年のうちには巨万《きょまん》の富《とみ》を作ることが出来《でき》るのです。本人の才能《さいのう》と、心ばえの善《よ》さと、寛大なる心と、明朗《めいろう》なる心質《しんしつ》とは、良人《おっと》を選ぶべき標準《ひょうじゅん》となすべきものです。明朗と寛大とがなければ、如何《いか》に才能のすぐ

力量　物事を成し遂げる力の程度。能力
素寒貧　貧しくて何も持たないこと。無一文
心質　心の性質。心境

れた人《ひと》でも大きく発達《はったつ》しません。煙草《たばこ》や酒を飲まぬ代《かわ》りに窮屈《きゅうくつ》にいつもしかめ面《づら》をしている人たちには、明朗《めいろう》さがなく、心質《しんしつ》が窮屈《きゅうくつ》ですから発達性《はったつせい》が乏《とぼ》しいといわねばなりません。

無論《むろん》、煙草《たばこ》や酒を飲む人をお薦《すす》めするのではありません。煙草《たばこ》や酒を飲む人は何《なに》か心に楽しからざる反面《はんめん》があるので、それを胡魔化《ごまか》すために喫《の》んでいるので、もし結婚《けっこん》して心が本当《ほんとう》に幸福《こうふく》になればそういう嗜好《しこう》は自然《しぜん》に剝落《はくらく》するものです。近眼《きんがん》の人はどこか頑固《がんこ》な、眼界《がんかい》の狭《せま》い現象《げんしょう》に捉《とら》われた性質《せいしつ》のある者《もの》です。必《かなら》ずしも家庭生活《かていせいかつ》に障《さわ》りとなる程《ほど》ではありませんが、そのつもりで選択《せんたく》せられればよろしい。結婚後《けっこんご》心の眼《め》が開《ひら》けば近眼は治《なお》るものですから問題《もんだい》とするに足りません。

しかしながら才能《さいのう》、財産《ざいさん》、健康《けんこう》、性質、これらを充分《じゅうぶん》知った上《うえ》で、ただそれだけで有利《ゆうり》であるからそういう相手《あいて》に婚《こん》するというのではあまりにも打《だ》算的《さんてき》です。愛は愛を招《よ》び、打算《ださん》は打算を招《よ》ぶことでしょう。あなたの態度《たいど》が

剝落　はがれ落ちること

婚する　結婚する

打算的　何事をするにもまず損得を考えて行うさま

あまりにも打算的《ださんてき》であるならば、あなたに選《えら》ばれて結ばれる人《ひと》もまた打算的な人になるでしょう。結婚《けっこん》は、相手《あいて》や媒酌人《ばいしゃくにん》の掛引《かけひき》や、脅喝《きょうかつ》や、誘惑《ゆうわく》で、陥落《かんらく》してはならないと同時《どうじ》に、犠牲《ぎせい》でも同情《どうじょう》でもない、純粋《じゅんすい》に相手の神性《しんせい》を拝《おが》み得《う》るような「愛」によって結ばれねばなりません。

陥落　口説き落とされること

第七章　ダリアの花に題《だい》して

（一）

ここには真赤《まっか》なダリアの花が咲《さ》いていますが、このダリアの球根《きゅうこん》を一見《いっけん》してみますと、一個《こ》の薯《いも》のような形《かたち》をしているに過《す》ぎないのであります。

頭注版㉙七八頁

ダリア　キク科の球根草。和名は天竺牡丹。さつまいもに似た塊根から茎を出し、夏から秋にかけて赤・紫・白・黄色などの大形の花が咲く

頭注版㉙七八頁

この薯《いも》のような塊《かたまり》の中《なか》にあの美しい牡丹《ぼたん》の花のような花があるということは、ちょっと考えると予想《よそう》も出来《でき》ないように思われるのであります。しかしながらあの見苦《みぐる》しい一塊《ひとかたまり》の薯《いも》の中《なか》に既《すで》に美しいダリアの花があったというのでなかったならば、あれを植《う》えた場合《ばあい》必《かなら》ずああいう花が出てくるというはずがないのであります。或《あ》る場合には又異《またちが》う花が出来《でき》、或《あ》る場合には醜《みにく》い花が出来たりして、色々種々雑多《いろいろしゅじゅざった》なものが出ましたならば、そうするとその時《とき》に応《おう》じて色々のものが出て来るので、始《はじ》めからその薯《いも》の中《なか》にあのダリアの美しい花があるとはいえないのですけれども、実際《じっさい》の場合にはその同じ種類《しゅるい》の薯《いも》からは同じような花が咲《さ》き、同じような葉が出てくるということになりますと、そのダリアの球根《きゅうこん》の中《なか》には既《すで》に葉があり花が有《あ》り、それが展《ひろが》って現象世界《げんしょうせかい》に展開《てんかい》したと見なければならないのであります。ところがこのダリアの薯《いも》にしたところが、それを顕微鏡《けんびきょう》で覗《のぞ》いて見ましても、ダリアには白い花のダリアもあれば赤い花のダリアもあるのですが、その色の異《ちが》うダリアの薯《いも》を切って、一つ《ひと》一つその細胞《さいぼう》を顕微鏡《けんびきょう》にかけて覗《のぞ》いて見ましても、その細胞の成分《せいぶん》の相異《そうい》は顕微鏡によってこれは赤い薯《いも》であるこれは白の薯《いも》であるという事《こと》は判《わか》らないのであります。顕微鏡的組織《けんびきょうてきそしき》の中《なか》には、そのダリアの球根《きゅうこん》の物質的細胞《ぶっしつてきさいぼう》に何《なん》ら赤いということも白いという事も、こういう葉の恰好《かっこう》という事も、ああいう花の恰好《かっこう》という事も存在《そんざい》しないのであります。その物質的組織《ぶっしつてきそしき》の奥《おく》に何《なに》かダリアの花の形《かたち》や色《いろ》が描《えが》かれているのであって、それが現《あらわ》れる条件《じょうけん》を備《そな》えた時初《ときはじ》めて形になって出てくるのであります。

（二）

例《たと》えばこのダリアの花は赤いのでありますが、生きている限《かぎ》り、この蕾《つぼみ》は開《ひら》いて赤の花をさかせるのであります。もうこのダリアは茎《くき》を切って花瓶《かびん》に挿《さ》してあるのでありますから、この蕾《つぼみ》が伸《の》びて赤い花になるとしますと、赤

頭注版㉙七九頁

くなる要素《ようそ》は球根《きゅうこん》にあるのではなく茎《くき》のどこかになければならない。ところがこの茎を切って、それを分析《ぶんせき》しても、これが赤の要素である、これが白の要素であるということを検出《けんしゅつ》する事《こと》は出来《でき》ないのであります。根《ね》を通《とお》ってくるにせよ、球根を介《かい》するにせよ、茎を通ってくるにせよ、その吸《す》い上《あ》げる養分《ようぶん》が赤い色に変《かわ》る、それはこのダリアの生命《せいめい》がある限《かぎ》りそうなるのであって、根とか球根とか茎とかの器械《きかい》があるからそうなるというのではないのであります。唯《ただ》こういうふうなものが自然《しぜん》と出てくるように無形《むけい》の世界《せかい》にその原型《げんけい》が備《そな》わっているのです。その無型の世界にある原型が、これが私のいうところの「習慣《しゅうかん》の心」とか「傾向《けいこう》の心」とかいうのでありまして、普通《ふつう》心理学者《しんりがくしゃ》のいう潜在意識《せんざいいしき》ではないのであります。普通心理学上《しんりがくじょう》の潜在意識はどういう事かといいますと、大抵《たいてい》は記憶心象《きおくしんしょう》のことをいって、生《うま》れてから色々経験《いろいろけいけん》するそれが、記憶《きおく》にずっと蓄積《ちくせき》されているけれども、普通の時《とき》は思い出せないような隠《かく》れている意識《いしき》、これを潜在意識といっているのであり

器械　生物の体内の器官

心象　心の中に描き出される姿や形。イメージ

ます。そして現在《げんざい》、ものを考えたり行《おこな》ったりする為《ため》に表面《ひょうめん》に現《あらわ》れて、動いている心を現在意識《げんざいいしき》と申《もう》しているのです。しかし吾々《われわれ》が赤《あか》ん坊《ぼう》として生《うま》れてから以後記憶《いごきおく》に残った心象《ことがら》の他《ほか》にまだまだ深いところに、今迄《いままで》から動いているところの「傾向《けいこう》の心」又《また》は「習慣《しゅうかん》の心」というものがあるのでありまして、その心の設計作用又《せっけいさようまた》は建造作用《けんぞうさよう》というものがあってこそ、まだ心の発達《はったつ》していない胎児《たいじ》が自己《じこ》の身体《からだ》を設計《せっけい》し一定《いってい》の形《かたち》に造《つく》り上《あ》げて行《ゆ》くことが出来《でき》るのであります。そういう意味《いみ》の、見えない意識《いしき》をいう場合《ばあい》には、単《たん》にこの潜在意識《せんざいいしき》という心理学上《しんりがくじょう》の言葉ではどうも不完全《ふかんぜん》であって、傾向的意識《けいこうてきいしき》とか或《あるい》は習慣の心とかいうと、一層判《いっそうわか》り易《やす》いのであります。例《たと》えば赤ん坊が生《うま》れると、誰《たれ》が教《おし》えなくとも乳房《ちぶさ》を含《ふく》めると自然《しぜん》と吸《す》うようになる、吸うて好《よ》いか悪いか分《わか》らないけれども、乳房《ちぶさ》でなくとも空気《くうき》にしたところが現《げん》に吸うているのであります。お前《まえ》空気を吸わないと死ぬぞといって教えなくとも、やはり空気を吸っているのであります。これらは生《うま》れて後《のち》に経験《けいけん》して得《え》

胎児　母体内で生育中の子

た潜在意識《せんざいいしき》ではないのでありまして、生《うま》れる前《まえ》から一種《しゅ》の傾向《けいこう》の、習慣的《しゅうかんてき》心《こころ》を持っているからであります。病気《びょうき》も「心」から起《おこ》ると申《もう》しましても、それは、経験後《けいけんご》の心もありますけれども、生《うま》れる以前《いぜん》から続いたところの意識《こころ》もあるのであります。そういう生後経験以前《せいごけいけんいぜん》の意識《いしき》がこういうダリアの赤い花を拵《こしら》えたのであります。こういうダリアの赤い花は、出《で》て来《く》る前からこういう花の種子《しゅし》だか球根《きゅうこん》だかがあったのです。しかし、地球《ちきゅう》は如何《いか》なる植物《しょくぶつ》も生存出来《せいぞんでき》ないような高熱状態《こうねつじょうたい》があったのですから、その種子も球根もない時代《じだい》があったのですから、そういう種子や球根が出来たとするとその種子や球根の設計《せっけい》が心の世界《せかい》にあったとしなければならないのです。地球の過熱《かねつ》状態以前《じょうたいいぜん》から、種子や球根以前から、心の世界にあったところのその形《かたち》が今《いま》ダリアの赤い花として開《ひら》いただけであります。活動写真《かつどうしゃしん》は銀幕《スクリーン》に映《うつ》る時《とき》その姿《すがた》があったのではないので既《すで》にフィルムに捲《ま》いている時から映してあるのです。それが或《あ》る条件《じょうけん》の備《そな》わった場合《ばあい》に銀幕《スクリーン》に映し出されるに過《す》ぎない

活動写真　映画の旧称

のです。それと同じようにこの花も始《はじ》めから無形《むけい》の世界《せかい》に捲《ま》き収《おさ》められている。それが或《あ》る条件《じょうけん》の備《そな》わった場合《ばあい》に活動写真《かつどうしゃしん》が銀幕《スクリーン》に映《うつ》るようにそこに現《あらわ》れるのであります。これが「習慣《しゅうかん》の心」或《あるい》は「傾向《けいこう》の意識《こころ》」というもので、心理学上《しんりがくじょう》の言葉でいいますと、ちょっと狭《せま》くて完全《かんぜん》に当《あ》て嵌《はま》らないのですけれども、広義《こうぎ》の潜在意識《せんざいいしき》ということに当嵌《あてはま》るのであります。ところで吾々《われわれ》の物質界《ぶっしつかい》に出てくるところの物質的肉体的《ぶっしつてきにくたいてき》の姿状態《すがたじょうたい》、ダリアの花なら、その花の姿状態というものは、それは物質的《ぶっしつてき》に出《で》て来《く》る迄《まで》に心の世界に始《はじ》めにあるものが、それが形《かたち》に現《あらわ》れてくる、とこういうことになるわけであります。

（三）

吾々《われわれ》の運命《うんめい》も、不幸《ふこう》な或《あるい》は幸福《こうふく》な運命が形の世界に出来上《できあが》るまでに、心の

頭注版㉙八二頁

世界《せかい》にそれが出来上《できあが》り、心の世界に出来上《できあが》ったフィルムが現実世界《げんじつせかい》に現《あらわ》れて来《く》るのであります。だから、事件《じけん》が起《おこ》る前《まえ》にその通《とお》りの光景《こうけい》を夢《ゆめ》の中《なか》や、精神統一中《せいしんとういっちゅう》にアリアリと見る事《こと》も出来るのであります。『生命《せいめい》の實相《じっそう》』の中《なか》にも例《れい》を挙《あ》げてありますが、或《あ》る人《ひと》は、水車《すいしゃ》の修繕《しゅうぜん》をしている時《とき》それに捲《まき》込《こ》まれて足に重傷《じゅうしょう》を負《お》い、ついに片脚《かたあし》を切断《せつだん》するという夢を見て、今日《きょう》は危《あぶ》ない予感《よかん》がするから、出勤《しゅっきん》しても何《なに》か故障《こしょう》が起きても断《だん》じて修繕すまいと思って、水車小屋《すいしゃごや》の後《うしろ》の山の中《なか》に逃《に》げたが、山の中《なか》に材木泥棒《ざいもくどろぼう》がいたので、それを捉《とら》えようと思って追っかけている中《うち》にすっかり夢の中《なか》の事を忘れてしまって、工場《こうじょう》へ帰ったところを、のっぴきならぬ工場主《こうじょうぬし》からの頼《たの》みで、水車をちょっと修繕してくれといわれて、断《ことわ》りきれなくて修繕をしたら、注意《ちゅうい》に注意を重ねて作業《さぎょう》したにもかかわらず、とうとう夢に見た通《とお》りに水車に捲《ま》かれて重傷を負《お》い、片脚を切断せねばならないようになった。これは現実《げんじつ》の世界にその事件が起《おこ》る迄《まで》に、心の世界に起《おこ》っていたから夢の中《なか》で見

水車の修繕　本全集第二巻「実相篇」上巻第四章一二六頁に心霊学者W・T・ステッド氏の著書の中の話として紹介されている

のっぴきならぬ　退くことも避けることもできない。逃れられない

ることが出来《でき》たのだとあります。又或《またあ》る児童《じどう》が電車《でんしゃ》に轢《ひ》かれるという予告《よこく》が夢《ゆめ》の中《なか》にあったので、轢《ひ》かれないように一所懸命《いっしょけんめい》見張《みは》りをしておったのに、ふと見張りの隙《すき》にその児童が電車に轢《ひ》かれてしまったというふうな現象《げんしょう》も書いてありました。そういうふうに心で事件《じけん》以前《いぜん》に見た通《とお》りが現《あらわ》れてくるのは、どうして現《あらわ》れてくるかというと、潜在意識《せんざいいしき》の世界《せかい》にある観念《かんねん》——無形《むけい》の世界にある観念が現実世界《げんじつせかい》に形《かたち》を現《あらわ》して来《く》るということになるのであります。無形の世界に無形の「心」という元素《げんそ》で造《つく》られた心の影《かげ》、心の姿《すがた》、形というのが吾々《われわれ》の運命《うんめい》の世界に出てくるわけであります。昨日《さくじつ》も中神《なかがみ》さんが自《じ》分《ぶん》の子供《こども》が突然亡《な》くなられた話をなさいましたが、あれも別《べつ》に予告現象《よこくげんしょう》といってはっきりした予告現象もなかったのですが、子供がどうして死んだのであろうかと思っておられたら、妙《みょう》なことに已《や》むを得《え》ず古本屋《ふるほんや》へ出て行《ゆ》かなければならないような事情《じじょう》になって、古本屋へ行《ゆ》くと、数日前《すうじつぜん》に新刊《しんかん》されたばかりの『生命《せいめい》の實相《じっそう》』「風《かぜ》の巻《まき》」の新しいのが既《すで》に古本屋に売っている。

「風の巻」 地・水・火・風・空・教・行・信・證の全九巻の『生命の實相』革表紙縮刷豪華版全集の一巻。昭和十一年刊。本全集の第八〜十巻「聖霊篇」、第十一巻「実証篇」、第十六〜十八巻「霊界篇」、第三十八巻「質疑篇」が収録されている

その本の発売元《はつばいもと》に勤《つと》めている中神《なかがみ》さんのことですから、新刊《しんかん》二、三日後《にちご》に古《ふる》本屋《ほんや》に読《よ》み終《おわ》りもせずに売られている古本《ふるほん》に興味《きょうみ》を感《かん》じて買ってお帰りになった。そして披《ひら》いて見たら栞《しおり》がちゃんと挟《はさ》んであって、年幼《としおさな》くして死ぬ児童《じどう》はこういうわけであると、ちゃんとその頁《ページ》に誌《しる》してあったということであります。あるべき事《こと》があるべきようにチャンと手廻《てまわ》しが出来《でき》ているのです。又《また》二、三日前《にちまえ》にお盆《ぼん》ではあるし暑苦《あつくる》しいから髪《かみ》の毛《け》を散髪《さんぱつ》してやりたいと思って理髪店《りはつてん》で散髪してやったら、「これはあなたのお子さんの初《はじ》めての髪の毛ですから大切《たいせつ》に保存《ほぞん》しておきなさい」といって、半紙《はんし》にちゃんと、その死ぬべき赤《あか》ん坊《ぼう》の髪の毛を包《つつ》んでくれて保存してある。これが今《いま》では大切な形見《かたみ》になったのです。そういうことなんかから想像《そうぞう》しても、その幼児《ようじ》の死が起《おこ》る迄《まで》にはその死の準備《じゅんび》がちゃんと整《ととの》っているのでありまして、これも既《すで》に心の世界《せかい》にあるべきものが形《かたち》の世界に現《あらわ》れて来《き》たのであるということを知る事が出来るのであります。総《すべ》て心の世界にないものは出て来ないのであり

発売元　光明思想普及会。昭和九年十一月に著者が設立した出版社。設立時の顧問は著者、社長は宮崎喜久雄。ここで最初の『生命の實相』全集（黒布表紙版）が発行され、月刊誌『生長の家』も引き継がれた

年幼くして死ぬ児童　本全集第十六巻「霊界篇」上巻第一章一九一頁以降に記されている

誌す　文字や文章などを書きとめる

手廻し　事が起こる前にてはずを整えること。手配

まして、心の世界《せかい》に造《つく》られたものが形《かたち》の世界に現《あらわ》れてくるから、こういうことになるのであります。ですから吾々《われわれ》は心の世界に良《よ》きものを造るように心《こころ》掛《が》けなければならないのであります。

（四）

結婚問題《けっこんもんだい》なども、まず心の世界で造られて、それが次第《しだい》に形の世界に顕《あらわ》れて来《く》るのであります。形の世界でいくら焦《あせ》ってみても、急《いそ》いでみても、心の世界に成就《じょうじゅ》していないことは実現《じつげん》しない。ですから、先《ま》ず神に祈《いの》って神と一《ひと》つになって、神の導《みちび》きで心の世界に良縁《りょうえん》を作っておきさえすれば、急ぐことも焦ることも要《い》らないで、自然《しぜん》にそれが形の世界にあらわれて来るのであります。或時《あるとき》、関西《かんさい》へ講演旅行《こうえんりょこう》に参《まい》りましたらこういう話をきいて来たのであります。京都《きょうと》にAさんという生長《せいちょう》の家《いえ》の誌友《しゆう》がある。娘《むすめ》さんが三人《にん》あ

頭注版㉙八四頁

るのですが長女《ちょうじょ》が二十四歳《さい》でもう婚期《こんき》を過《す》ぎて来《き》たというので、親達《おやたち》はいくらかの取越苦労《とりこしくろう》をしておられたのであります。どうも娘《むすめ》の縁談《えんだん》が遅《おそ》いからどうしたら好《よ》かろうかと親《した》しい友達《ともだち》のＩさんに御相談《ごそうだん》になったのです。するとＩさんが、「生長《せいちょう》の家《いえ》は『引っかかる』ということが一番《ばん》いかんのやさかい、どうでも神様《かみさま》にお委《まか》せ致《いた》しますという気になりなはれ。早く片附《かたづ》けんならんという事《こと》もないし、自然《しぜん》が一番好《え》えのですせ。そうかというて、色々《いろいろ》の人《ひと》に頼《たの》むというのはいかんと自然に来るのばかりを待たんならんと力《りき》むということも要《い》らへん。人に頼みとうなるのも自然やさかい。谷口先生《たにぐちせんせい》は、嫁《よめ》にやりたい娘があったらその写真《しゃしん》をたくさん写《うつ》して知っている人に皆《みな》くばっておいて、神様よきようにして下《くだ》さいと神様にまかせておいてもええといっていられた」といわれたのです。Ａさんは帰ってその事《こと》を自分《じぶん》の娘に話されますと、お嬢《じょう》さんは「私いややわ、そんな写真だけ見て好《す》きになるような人は。私本当《ほんとう》に本人《ほんにん》と本人と会って好きだと心から思うような人でないと嫌《いや》や

婚期　結婚にふさわしい時期。結婚適齢期

取越苦労　将来のことについて無用の心配をすること。本全集第十三巻「生活篇」下巻所収の「取越し苦労するなかれ」等参照

わ」といわれた。それにも一理《いちり》あるのでAさんはお嬢《じょう》さんの写真《しゃしん》をたくさん撮《と》って知人《ちじん》へ配《くば》るというような事《こと》はせられませんでした。しかしIさんの言葉で安心《あんしん》せられました。それは「早く片附《かたづ》けんならんということもないし、生長《せいちょう》の家《いえ》はねばならんということはない、生長の家は引っかかるのが一番《ばん》いかん。自然《しぜん》が一番好《い》い」ということでした。娘《むすめ》がそういうのも自然であるし、それで好《よ》い。何《なに》も知《し》り給《たま》う神様《かみさま》が好《よ》いようにして下《くだ》さる、もう神様にお委《まか》せしましたという気になられました。するとIさんから、「この青年《せいねん》にお嬢さんを嫁《めあ》わせたら」といって一枚《まい》の写真を持って来られました。相手《あいて》は相当《とう》のところであるし、娘も別《べつ》に嫌《いや》だといわないし、縁談《えんだん》は順潮《じゅんちょう》に進行致《しんこういた》しました。

（五）

　ところが、或《あ》る日《ひ》のこと、自分《じぶん》の甥《おい》が東京《とうきょう》からやって来《き》たのです。Aさんは近いうちに娘《むすめ》が結婚《けっこん》することになっておって、この人《ひと》と縁談《えんだん》が進行中《しんこうちゅう》である、この人がその相手《あいて》なのだといって写真《しゃしん》をその甥《おい》に見せたのであります。すると、その甥《おい》がじっとこの写真を十分間《ぷんかん》ぐらい睨《にら》んでおって、それから「伯母《おば》さんどうも僕《ぼく》の心にピッタリ来《こ》ない、私がこう見ているとどうも私の目と目が合《あ》わない。どうもこの縁談はよくないと思う」というのです。その甥《おい》というのは人相《にんそう》や相性《あいしょう》をよく観《み》るのだそうです。「なるべくなら止《や》めておきなさいましよ。私の友達《ともだち》に良《よ》い候補者《こうほしゃ》がありますから、その方《ほう》へやったらどうです」という話なんです。ところが、甥《おい》がそういったと言って断《ことわ》るわけにもいかないし、それからIさんとも親《した》しい間柄《あいだがら》であるから、Iさんから話があったのを、そんな薄弱《はくじゃく》な理由《りゆう》で無暗《むやみ》に断るわけにもいかないのです。すると、その甥《おい》がいうのに、「いやそれは良い断りようがある、それでは八卦見《はっけみ》の所《ところ》へ行《ゆ》きなさい。そして八卦見《はっけみ》の所に行《い》ってもし良いといったら

相性　男女などの間で相互の性格が合うこと。五行説や干支、九星などを生まれた年と組み合わせて判断する

薄弱　曖昧ではっきりしないさま

八卦見　筮竹（ぜいちく）と算木（さんぎ）で運勢をみる占い師。易者

仕方《しかた》がないからお嫁《よめ》におやりなさい。しかしもし悪いといったら、それを口《こう》実《じつ》にしてお断《ことわ》りなさい。そうすれば、誰《たれ》それがいったというて先方《せんぽう》へ傷《きず》がつかなくて好《よ》い」という話だったそうです。それからAさんが八卦見《はっけみ》の所《ところ》に行《い》ったそうです。八卦見《はっけみ》に行って互《たがい》の年齢《ねんれい》をいって「これとこれはどうですか」といったら、「それはいかん。大変相性《たいへんあいしょう》が悪い」と一言《いちごん》の下《もと》にいったそうです。そして八卦見《はっけみ》が「いかん」といったのですから誰《たれ》にも疵《きず》つかずに断れるわけですが、本人《ほんにん》がおって断っては、相手《あいて》を嫌《きら》って断ったとあっては悪いからと、そのお嬢《じょう》さんを甥《おい》が東京《とうきょう》へ伴《つ》れて行《い》ったのです。それから、その甥《おい》の方《かた》がAさんのお嬢さんを東京の自宅《じたく》へ伴《つ》れて来《き》まして、自分《じぶん》の知合《しりあい》の男に紹介《しょうかい》する心算《つもり》でおられました。ところがその甥《おい》というのは三年程前《ねんほどまえ》に結婚《けっこん》して東京に家《うち》を持っているのです。音楽家《おんがくか》であってそれからその友達《ともだち》の所《ところ》へ音楽家の友達が多勢《おおぜい》やってくるのです。ところが或《あ》る日《ひ》、音楽学校《おんがくがっこう》の新しい先生《せんせい》でYさんという青年《せいねん》が甥《おい》のところを訪《たず》ねて来《き》まして、ふとお嬢さんを見初《みそ》めたそうです。ふと見初《みそ》めたけれども何《なん》ともいわないで、「ああのひとは善《よ》さそうな人《ひと》だな。あんな人を妻《つま》に欲《ほ》しいな」とこう思ったのです。そう思っても本当《ほんとう》に恋《こい》しいと思った場合《ばあい》には相手《あいて》の運命《うんめい》のことなどを考えて軽々《かるがる》しく求婚《きゅうこん》なども出来《でき》ないものです。その慎重《しんちょう》な青年音楽家《せいねんおんがくか》は何《なん》にもいわないでそのまま自分《じぶん》の思いを秘《ひ》めて自宅《じたく》へ帰って行《ゆ》きました。「今《いま》、自分は音楽家《おんがくか》としてスタートを切ったばかりで収入《しゅうにゅう》も余計《よけい》ないし、親《おや》に細君《さいくん》を貰《もら》ってくれという程《ほど》には、確固《かっこ》たる実生活《じっせいかつ》の基礎《きそ》が築《きず》かれていないから、あの人を欲しいには欲しいけれども、結婚《けっこん》してもあの人を幸福《こうふく》にしてあげられない」こんなことを考えて、遠慮《えんりょ》して、そのままそれを自分の心の中《うち》にのみ秘《ひ》めておられたのであります。やがて学年《がくねん》が終《おわ》って学校《がっこう》の休みに、この青年《せいねん》が国《くに》へ帰ったのです。すると、国の父が突然《とつぜん》「お前《まえ》、嫁貰《よめもら》わんか」というのです。「嫁貰わんか、といっても、どうもまだ自分が生活《せいかつ》がしっかりしてないのだから、貰うわけにも参《まい》りませんね」と答えますと、父は「しかし、貰

見初める　異性を一目見て恋心をいだくこと

うものなら、良《よ》いのがあったら貰《もら》っても好《い》いだろう？　生活《せいかつ》ぐらいの事《こと》は心《しん》配《ぱい》しなくてもいいよ。良いのさえあれば生活の方《ほう》は俺《おれ》の方《ほう》から足してやろう。」こういう話なのです。「それは良いのさえあれば貰っても悪くはないけれども、何分《なにぶん》その自分《じぶん》で自分だけがやっと生活出来《でき》るくらいだから……」と答えますと、「構《かま》わんじゃないか。いいのさえあれば。お前《まえ》知らんか？　Aさんの所《ところ》に良い娘《むすめ》があったじゃないか」と父はこういうのです。そして、「この人《ひと》だよ、お前貰う気はないか」と一枚《まい》の写真《しゃしん》の中《なか》の一人《ひとり》のお嬢《じょう》さんを指差《ゆびさ》されたのを見ますと、どうしたことでしょう。先日《せんじつ》Aさんの甥《おい》の宅《たく》で初《はじ》めて会《あ》って「あの人を欲《ほ》しい」と思ったお嬢さんだったのです。

というのは、もう三年前甥《ねんぜんおい》が結婚《けっこん》した時《とき》、結婚式《けっこんしき》にAさんが甥《おい》の結婚だというので娘と一緒《いっしょ》に参列《さんれつ》したのです。その音楽家《おんがくか》のお父《とう》さんもその結婚式に参列しておって、その時親《おや》がAさんのお嬢さんを見初《みそ》めておったのです。そして「もう二、三年《ねん》して息子《むすこ》が就職《しゅうしょく》した頃《ころ》にあの娘欲しいな」と、その時から、自家《うち》の息子《むすこ》の嫁《よめ》に欲《ほ》しいと思っておられたのでありました。親《おや》の方《ほう》はちゃんと心に極《き》めておかれたのを、その青年《せいねん》はAさんのお嬢《じょう》さんだとは知らないで、甥《おい》の所《ところ》で偶然《ぐうぜん》に出会《であ》って「あの人《ひと》欲しい」と思って、胸《むね》に秘《ひ》めてあったのです。それを親の方《ほう》から貰《もら》わんかというので何《なん》という好都合《こうつごう》のことであったでしょう。そんなわけで先日電報《せんじつでんぽう》で、Aさんとその娘《むすめ》さんと一緒《いっしょ》に上《じょう》京《きょう》せよという電報《でんぽう》が東京《とうきょう》の親類《しんるい》から来《き》たのであります。何《なん》の事《こと》かと思って二人《ふたり》が上京してみると、まるで誂《あつら》えたような良《よ》い具合《ぐあい》な縁談《えんだん》だったのであります。この良縁《りょうえん》はいわば三年前《ねんぜん》から甥《おい》の結婚式《けっこんしき》に両方《りょうほう》の人達《ひとたち》が参列《さんれつ》した時《とき》から心の世界《せかい》に出来《でき》ていたのであります。それが、「早くこの娘を片附《かたづ》けねばならぬ。片附《かたづ》けねばならぬ」と思って焦躁《あせ》っていられる間《あいだ》は、その「ねばならぬ」という心の引っかかりが邪魔《じゃま》になって形《かたち》の世界《せかい》に顕《あらわ》れるのが遅《おく》れていたのですが、生長《せいちょう》の家《いえ》へお入《はい》りになって気分《きぶん》が開《ひら》けて行《い》って、そうしてもう早く片附《かたづ》けようとも思わなくなって、神様《かみさま》の御心《みこころ》のままにどうなって

誂える　注文して希望どおりに作らせること

まにまに　…のままに。…に任せて

もよろしゅうございますという気持《きもち》になった時《とき》、良《よ》い工合《ぐあい》に向《む》うからちゃんとそういうお献立《こんだて》が出来《でき》て来《き》て願《ねが》ったり叶《かな》ったりの縁談《えんだん》が整《ととの》ったのであります。引っかからない心、素直《すなお》な心、そのまま受ける心、今《いま》あるうちで何《なん》でも出来る事《こと》を素直に実行《じっこう》する心、こういう心になりますと、「我《が》」の心が除《と》れますので、神様が心の世界《せかい》に用意《ようい》しておいて下《くだ》さった一番好《ばんよ》い事が現実世界《げんじつせかい》へ現《あらわ》れて来《く》るのであります。

(六)

というのは吾々《われわれ》の心は、『華厳経《けごんぎょう》』の「唯心偈《ゆいしんげ》」に書いてある通《とお》り「工《たく》なる画師《えし》の如《ごと》く」どんなものでもこの現象界《げんしょうかい》へ描《えが》き出《だ》すのであります。ちょうどラジオ・セットの波長《はちょう》みたいなものでありまして、その波長に合《あ》うものだけを引寄《ひきよ》せる。それを画家《がか》が自分《じぶん》の個性相当《こせいそうとう》のものを描《えが》くように描《えが》き出《だ》す

頭注版㉙九〇頁

『華厳経』『大方広仏華厳経』の略称。大乗仏教で最も重要な経典の一つ

「唯心偈」『華厳経』の中心思想を述べた詩文。すべては心の現れであるという世界観を示す。「偈」は詩の形式で仏や菩薩を讃えた言葉

のであります。必《かなら》ずしも或《あ》る具体的《ぐたいてき》な病気《びょうき》とか不幸《ふこう》とかを思わなくても、それに類似《るいじ》するような暗い心を持続《じぞく》していますと、類《るい》は類を招《よ》ぶ心の法則《ほうそく》によって、そこに或《あ》る具体的な病気や不幸が起《おこ》って来《く》るので、必ずしも一定《いってい》の病気とか不幸とかを思《おも》い浮《うか》べなくても、心の創化作用《そうかさよう》によって具象化《かたちにあらわ》れるのであります。ラジオのセットは何《なに》も一定の姿《すがた》を思《おも》い浮《うか》べる事《こと》はないけれども、よそから放送《ほうそう》があるとどんな放送であっても具体的の響《ひびき》をそこにたてるのでありまして、それと同じことで吾々《われわれ》の心もラジオのセットのように、この習慣《しゅうかん》の心が常《つね》に悪い波動《はどう》を出し、悲観的波動《ひかんてきはどう》を出し、暗い波動を出し、人《ひと》を恨《うら》んだり、ぶつぶついったり、陰気《いんき》な憂鬱《ゆううつ》な波動を出していたならば、それに相応《ふさわ》しい波長《はちょう》をもった観念《かんねん》が集《あつま》って来《き》て具象的《ぐしょうてき》に現《あらわ》れるのであります。自分自身《じぶんじしん》は何《なに》も結婚《けっこん》の最初《さいしょ》から「離婚《りこん》」などという不祥《ふしょう》な事は思《おも》い浮《うか》べていないにしましても、この世界《せかい》のどこかに於《おい》て、「離婚」という不祥な事《じ》件《けん》はザラにあり、その観念は到《いた》るところに満《み》ちていますので、もし、その観

創化作用　形がなかったものを形に現し出す作用

具象化(ぐしょうか)　形のないものが形になってあらわれること

不祥　不吉なこと。縁起の悪いこと

念を感受《かんじゅ》するような暗い刺々《とげとげ》しい心を持っていましたならば、宇宙《うちゅう》に満《み》ちているる「離婚《りこん》」の観念《かんねん》がその心のラジオ・セットに引掛《ひっかか》って具象化《ぐしょうか》するのでありります。例《たと》えばJOBKならJOBKの波長《はちょう》を自分《じぶん》の心に起《おこ》す、そうすれば宇宙のどこかにあって放送《ほうそう》しているところの「離婚」の波動《はどう》を自分の心の波動が磁石《じしゃく》になって引寄《ひきよ》せ、それを具象化《ぐしょうか》するのであります。「不幸《ふこう》」というものは本来《ほんらい》ないのですけれど、総《すべ》てそういう具合《ぐあい》にして吾々《われわれ》の心のセットに掛《かか》って来《き》まして、そこに形《かたち》に現《あらわ》れるという事《こと》になるのであります。「本来無《な》い不幸」がどうして現《あらわ》れるかというとすべて「我《が》」の心が邪魔《じゃま》になるのでありあります。「我《が》」というものは「本来一体《いったい》」のものを取違《とりちが》えて分裂感《わかれたかんじ》を起《おこ》したものであります。ちょうど大海《たいかい》の水のように、吾々《われわれ》の生命《せいめい》は、「神」と「自《じ》」と「他《た》」と、その三《みっ》つは一体である。それが波《なみ》と波とのように分《わか》れて、本来一体《いったい》でないと思い、「我《われ》」だけで齷齪苦労《あくせくくろう》しなければならないと思う、これが「我《が》」の心であります。この「我《が》」の心で苦労すると本来一体《いったい》が

感受　印象などを心に受けとめること

JOBK　NHK大阪第一放送のコールサイン（呼出符号）

一体《いったい》でなく見える。大海《たいかい》の水が一体《いったい》でありながら無数《むすう》の波《なみ》に分《わか》れているように見え、満月《まんげつ》は本来《ほんらい》マン円《まる》いにかかわらず、壊《くだ》けて不完全《ふかんぜん》に見えるように不《ふ》幸《こう》は本来ないにかかわらず、不幸の相《すがた》が表面《ひょうめん》に現《あらわ》れて来《く》るのでありますですから幸福《こうふく》を招《まね》きたい人《ひと》は「我《が》」の心を捨《す》て、引っかからない、素直《すなお》な心、そのまま受ける心、神様《かみさま》におまかせした、全体《ぜんたい》の動きにおまかせした、明るい焦《あせ》らない朗《ほが》らかな心を有《も》つ事《こと》が大切《たいせつ》であります。「我《が》」があったら人間《にんげん》は明るくなれません。

「我《が》」をとったら明るくなる。明るい世界《せかい》に暗い影《かげ》は這入《はい》って来《こ》ないのですから、常《つね》に心を明るい浄《きよ》らかな嬉《うれ》しい嬉しいの状態《じょうたい》でおきますと、万事《ばんじ》都《つ》合《ごう》よくそのままで何《なん》でも整《ととの》うようになるのであります。

第八章　本来一《ほんらいひと》つのもの

頭注版㉙九三頁

（一）

頭注版㉙九三頁

皆《みな》さんもお子さんに接《せっ》して、また御自分《ごじぶん》が子供《こども》であったという体験《たいけん》から御《ご》存《ぞん》じでありましょうが、子供というものは総《すべ》てのものに、新しく接した気持《きもち》で、また実際《じっさい》新しく接《せっ》するのでありますから、驚異《きょうい》の眼《め》をもって、すべてのものを見ているのであります。子供《こども》にとっては花が咲《さ》くのを一《ひと》つ見てもそれが不思議《ふしぎ》である。「どうしてお花咲くの？」とこういうような質問《しつもん》を吾々《われわれ》は度々《たびたび》子供から浴《あ》びせかけられたものであります。星が煌《かがや》くのを見ても「どうしてお星様光《ほしさまひか》るの？」というような事《こと》を尋《たず》ねます。「太陽《たいよう》はどうして朝《あさ》出てそうして夕方《ゆうがた》になると沈《しず》んでしまうの？」これが子供が総《すべ》てのものに対《たい》する驚異の心であります。明治《めいじ》の文豪国木田独歩《ぶんごうくにきだどっぽ》の小説《しょうせつ》に『牛肉《ぎゅうにく》と馬鈴薯《ばれいしょ》』というのがありますが、その小説の主人公《しゅじんこう》が「私は吃驚《びっくり》したいのです」といっています。幼児《ようじ》は全《すべ》てのものに対して新鮮《しんせん》な感《かん》じを失わず、一々《いちいち》それに接《せっ》する毎《ごと》に、「オヤ？」「何故《なぜ》？」という心で吃驚《びっくり》するのであります。そのびっくりする心の新鮮さというものが、吾々《われわれ》の心のうちの一番尊《ばんとうと》い心持《こころもち》の一つでありまして、何物《なにもの》に接しましても新鮮な物《もの》として感ずる。「物」そのものは古くとも、心持《こころもち》が新しいから新しく感ずるのであります。ところが、大人《おとな》は

國木田独歩　明治四～四十一年。詩人、小説家。自然主義文学のさきがけと目される。日清戦争の際には従軍記者として『國民新聞』に「愛弟通信」を連載した。作品に『武蔵野』『運命論者』等がある

『牛肉と馬鈴薯』　明治三十四年『小天地』に発表された短編小説。現実主義を牛肉に、理想主義を馬鈴薯に例えている

ともすると心が古くなる、古くなるというのは日《ひ》に日《ひ》に新しくならないことです。心が日に日に新しくならないとは心が凝《こ》り固《かた》まってその自由《じゆう》を失ってしまうことです。この自由を失った固まった心でいつも同じ物《もの》に触《ふ》れておりましては、事物《じぶつ》の本当《ほんとう》の有難《ありがた》さと不思議《ふしぎ》さとが分《わか》らないのであります。花が咲《さ》くのも当《あた》り前《まえ》ではないか。星が光《ひか》るのも当《あた》り前《まえ》ではないか。空気《くうき》のあるのも当《あた》り前《まえ》ではないかという事《こと》になって、すべてをただ当《あた》り前《まえ》に思ってしまいますから、何物《なにもの》にも感激《かんげき》というものが起《おこ》らないのであります。その為《ため》にどんな恩恵《おんけい》を頂《いただ》いていても事物の有難《ありがた》さが分《わか》らないし、感激もないし、平々凡々《へいへいぼんぼん》の世界《せかい》で心の喜《よろこ》びというものが更《さら》にないわけであります。心がこの新しさを失った人《ひと》ほど気《き》の毒《どく》な人はない。この新しさを取返《とりかえ》すことを心の眼《め》を開《ひら》くというのであります。本当に吾々《われわれ》が生命《せいめい》の神秘《ふしぎさ》に目醒《めざ》めて事物に接《せっ》した場合《ばあい》には、何《なに》を見ても驚異《きょうい》であらざるものは一《ひと》つもないのであります。小さな一本《ひともと》の草花《くさばな》を見ましても、その草花は実《じつ》に精緻微妙《せいちびみょう》な構造《こうぞう》に出来《でき》ているではあり

ともすると　どうかすると。ともすれば

更に…ない　全く…ない

精緻微妙　「精緻」は、きわめて精密なさま。「微妙」は、何ともいえない美しさや味わいがあるさま

ませんか。人間《にんげん》が工夫《くふう》して造花《ぞうか》を拵《こしら》えてみましても、到底《とうてい》ああいうふうな美しい微妙《びみょう》なものは出来《でき》ないのであります。一本《ひともと》の小さな草花《くさばな》にも生命《せいめい》の神秘《ふしぎさ》は宿《やど》る。それを拵《こしら》えたものは一体《いったい》なんであろうか。何《なに》がかくの如《ごと》き美しい微妙な組織《そしき》を作ったのであろうかという事《こと》が、子供《こども》には新しい心の眼《め》に神秘《ふしぎさ》に感《かん》ぜられてくるのであります。これに反《はん》して、大人《おとな》はそれに慣《な》れているから少しも不思議《ふしぎ》がらない。ところがこの不思議がる心というのは神秘《ふしぎさ》の本源《ほんげん》を探《さぐ》りたいという心であります。神秘《ふしぎさ》の本源を知りたいというのが宗教心《しゅうきょうしん》であって同時《どうじ》に科学心《かがくしん》であります。科学《かがく》というのも要《よう》するに神秘《ふしぎさ》の根源《こんげん》を探りたいという心から出発《しゅっぱつ》しているのでありまして、この点《てん》は宗教《しゅうきょう》もやはり同じであります。一本《ひともと》の草花があれば、この草花は、種子《たね》からどういうふうにして発芽《はつが》し、どういうふうにして伸《の》び、どういうふうにして蕾《つぼみ》を拵《こしら》え、どういうふうにして花を開《ひら》くかという神秘《ふしぎさ》の根源を探ろうとする努力《どりょく》が科学心でありますが、その探究《たんきゅう》がもう一《ひと》つ無形《むけい》の世界《せかい》に迄《まで》深まった時《とき》宗教心となっ

探究　深くさぐって見きわめようとすること

て現《あらわ》れるのであります。

世間《せけん》では往々宗教《おうおうしゅうきょう》と科学《かがく》とは衝突《しょうとつ》するように考える人《ひと》がありますけれども、決《けっ》してそうではないのであって、科学的探究心《かがくてきたんきゅうしん》と宗教的探究心《しゅうきょうてきたんきゅうしん》とは結局《けっきょく》は同じものであって、神秘《ふしぎさ》の本源《ほんげん》を探《さぐ》ろうとする心が互《たがい》に別働隊《べつどうたい》として働《はたら》いているに過《す》ぎないのであります。

（二）

吾々《われわれ》は何《なに》を見てもその本源を探りたいという潑溂《はつらつ》たる要求《ようきゅう》と念願《ねんがん》とを持たねばなりません。この熱求《ねっきゅう》と熱願《ねつがん》とがある時《とき》には、それが自然《しぜん》に直覚的《ちょっかくてき》に分《わか》るようになるのであります。イエスは、「求めよ、さらば与えられん」といわれましたが、そのように求める心がある時は、その求める程度《ていど》に従《したが》って私達《わたしたち》に与えられる事《こと》になるのであります。

頭注版㉙九五頁

直覚的　推察や思考などによらずに、物事の本質を瞬間的にとらえるさま

「求めよ、さらば…」『新約聖書』「マタイ伝」第七章にあるイエスの言葉

何《なん》でも当《あた》り前《まえ》だと思っている人《ひと》には求める心がない。林檎《りんご》が落ちても、林檎《りんご》が落ちるのは当《あた》り前《まえ》ではないか。上《うえ》にあるものが下《した》に落ちるのは当《あた》り前《まえ》ではないかと思っていたならば、万有引力《ばんゆういんりょく》は発見出来《はっけんでき》なかったに相違《そうい》ありません。上にあるものが下へ落ちる――その当《あた》り前《まえ》の事《こと》が当《あた》り前《まえ》でなくて、どうも不思議《ふしぎ》だと感《かん》ずるのは、その感ずる心が新鮮《しんせん》だからであります。この新鮮な心があってニュートンは万有引力《ばんゆういんりょく》というものを発見する事が出来たのであります。ところが、ニュートンは万有引力《ばんゆういんりょく》を発見して、それで当《あた》り前《まえ》だとなったからそれ以上探究《いじょうたんきゅう》しないで行詰《ゆきづま》ったのですけれども、もう一《ひと》つ吾々《われわれ》は万有引力《ばんゆういんりょく》というものはどうしてあるのであるかと、更《さら》にその奥《おく》深くまでびっくりしなければならないのです。もう一つその奥まで不思議がって、吃驚《びっくり》してその根源《こんげん》を探《さぐ》って行《ゆ》くところに、本当《ほんとう》に深い宗教的発見《しゅうきょうてきはっけん》というものが出てくるのであります。その点《てん》から申《もう》しますと、宗教心《しゅうきょうしん》は科学心《かがくしん》より一段《だん》深いところまで貫《つらぬ》いて行《ゆ》く神秘《ふしぎさ》に対《たい》する憧《あこ》がれだといわなければな

万有引力　質量を有するすべての物体の間に働くと考えられている引力

ニュートン　Isaac Newton　一六四三〜一七二七年。イギリスの物理学者、天文学者、数学者。万有引力の法則を導入し、ニュートン力学を確立した。光のスペクトル分析、微積分法の確立等の業績がある

りません。ニュートンは単《たん》に万有引力《ばんゆういんりょく》というもので満足《まんぞく》しましたが、それではまだ物理的力《ぶつりてきちから》であった、その奥《おく》まで突《つ》き貫《つらぬ》いて行《ゆ》きますと、そこはもう神の世界《せかい》、宗教《しゅうきょう》の世界になってくるのであります。

（三）

例《たと》えばここに草花《くさばな》が咲《さ》いているとしますと、それは根《ね》から養分《ようぶん》を吸上《すいあ》げて、色々《いろいろ》な有機作用《ゆうきさよう》が行《おこな》われ、呼吸作用《こきゅうさよう》、同化作用《どうかさよう》と次々《つぎつぎ》と操作《そうさ》が行《おこな》われて循環《じゅんかん》すると、その養分が特有《とくゆう》の形《かたち》に排列《はいれつ》されることによってこういう花の形が形成《けいせい》される——そこまでは物質的《ぶっしつてき》に分《わか》るのです。何故《なぜ》そういうふうに養分を吸収《きゅうしゅう》して呼吸作用や同化作用が営《いとな》まれて、そういうふうな花の形に物《ぶっ》質分子《しつぶんし》が排列されるかという、その奥まで探《さぐ》って行《ゆ》くと、ここに吾々《われわれ》は不思《ふし》議《ぎ》な生命《せいめい》の力《ちから》、神の力というものに到達《とうたつ》するのであります。

頭注版㉙九七頁

有機作用 有機物である生命体の生活機能

同化作用 摂取した栄養分を自分の身体を構成する成分に変える作用

　ここに宗教心《しゅうきょうしん》は科学心《かがくしん》よりも尚一層《なおいっそう》深い探究心《たんきゅうしん》の現《あらわ》れとして一層深く真理《しんり》を突《つ》き止《と》めようとするのです。ですから、一層深い科学心ともいえるわけです。ですから、宗教《しゅうきょう》というものは滅多矢鱈《めったやたら》に迷信《めいしん》する事《こと》ではないのでありまして、科学心以上《かがくしんいじょう》に深いところの詮索心《せんさくしん》なのであります。物質科学《ぶっしつかがく》は色々《いろいろ》の事物《じぶつ》を外界《がいかい》から構造《こうぞう》なんかを詮索《せんさく》しますけれども、まだまだその原因《げんいん》は？　その原因は？　と詮索し——詮索して詮索し尽《つく》して行《ゆ》くとき、実《じつ》に科学を超《こ》えたところの科学心が出て来る、これがむしろ宗教心であるといい得《う》るのであります。

（四）

　例《たと》えば、人間《にんげん》はどうして生《い》きているかというと、心臓《しんぞう》が動くから生きているんだ、心臓が止《とま》ったら死ぬんだと、医者《いしゃ》は科学者《かがくしゃ》ですから、ちゃんとそれ

詮索心　細かい所まで調べて求める心

頭注版㉙九八頁

を知っていて心臓麻痺《しんぞうまひ》を起《おこ》しそうになるとカンフル注射《ちゅうしゃ》をして、カンフルの刺戟《しげき》を与えると心臓《しんぞう》が動く、それで生きる。心臓が動くから生きると申《もう》しますが、しかし、あの心臓は何故《なぜ》動くかというところまでは医学《いがく》は突止《つきと》めていないのであります。現在《げんざい》の医学ではまだこの心臓がどうして動くかという事《こと》は分《わか》らない。分《わか》らない為《ため》に、西式健康法《にししきけんこうほう》の西勝造氏《にしかつぞうし》などはどうして心臓が動くかというのは毛細血管《もうさいけっかん》の引力《いんりょく》であるといい出した。末梢《まっしょう》の血管《けっかん》が毛《もう》細管《さいかん》になっている為《ため》に、毛細管の引力に依《よ》ってその方《ほう》へ液体《えきたい》の血液《けつえき》を引《ひき》つけるから、それがポンプ的働《てきはたらき》をしてそうして心臓を動かす助けをするのである。心臓壁《しんぞうへき》の筋肉《きんにく》の収縮力《しゅうしゅくりょく》というものはそんなに強いものではないので、身体全体《からだぜんたい》に分布《ぶんぷ》しているあの細い脈管《みゃくかん》の中《なか》をこれだけの力《ちから》を以《もっ》て血液を働《はたら》かせているだけの馬力《ばりき》は心臓のエンジンだけでは到底《とうてい》出ない、それに毛細管の引力というものを考えて、毛細管の引力に依《よ》って血液を吸《す》い込《こ》むものだから心臓の収縮力が助けられて、血液が循環《じゅんかん》するのであるというような

カンフル kamfer オランダ語。樟脳（しょうのう）の医薬品名。強心剤などとして用いられていた

西式健康法 昭和二年に西勝造が創始した健康法

西勝造氏 明治十七～昭和三十四年。三池炭鉱の鉱山技師、東京市の地下鉄の設計責任者等を歴任。医学も学び、「血液循環の毛細血管原動力説」を唱えてカンフル剤による心臓の治療法に疑義を呈した

毛細血管 動脈や静脈の末梢が細かく枝分かれし、網目状となってつながる細い血管

末梢 末端。すえ

毛細管 毛細血管を指す場合もあるが、ここでは、液体を吸い上げる毛管現象を起こすような細い管を指す

馬力 精力。体力。活動力

物理的《ぶつりてき》の理窟《りくつ》をつけて説明《せつめい》して現在《げんざい》の医学《いがく》に対抗《たいこう》しているわけであります。ところが、それも私にいわせれば変《へん》な話であります。人間《にんげん》が死んだら心臓《しんぞう》もあり、毛細血管《もうさいけっかん》の引力《いんりょく》があっても早速《さっそく》と血液《けつえき》の循環《じゅんかん》は止《とま》ってしまう。そうすると毛細管《もうさいかん》の引力も心臓のポンプ的構造《てきこうぞう》も皆《みな》血液を循環させる原因《げんいん》ではないという事《こと》になるのであります。何故《なぜ》毛細血管は伸縮《しんしゅく》して、ポンプ的働《てきはたらき》を以《もっ》て心臓を助けるか、何故《なぜ》心臓自身《しんぞうじしん》は伸縮して血液を送るかというような事は分《わか》らないわけであります。その「何故《なぜ》?」をもう一《ひと》つ突《つ》き止《と》めて行《い》った時《とき》に、吾々《われわれ》は本当《ほんとう》に肉体的構造《にくたいてきこうぞう》だけでなしに、物質的構造《ぶっしつてきこうぞう》でなしに、或《あ》る不可《ふか》思議《しぎ》な目に見えない生命《せいめい》の働《はたらき》というものがあるという事を突き止めなければならないわけであります。そういうわけで何故《なぜ》心臓が動くか? というところまで突進《つきすす》んで行《ゆ》くのが宗教《しゅうきょう》であって、宗教というものは迷信《めいしん》以上《いじょう》のもの、迷信どころではない、科学《かがく》以上《いじょう》に詮索深《せんさくふか》いものであります。かくして吾々《われわれ》はどこまでも満足《まんぞく》しないで、どこ何処《どこ》までもその原因を追究《ついきゅう》して行《ゆ》き

追究　未知のものや不確かなことをどこまでも考えて明らかにしようとすること

ます時《とき》に、「第《だい》一原理《げんり》」とスペンサーが言ったところのそれに到達《とうたつ》するのであります。「第一原理」というものは、それは何《なに》か他《た》の原因《げんいん》によって存在《そんざい》するというものではなくて、始《はじ》めからそれ自身《じしん》によって存在しているというものであって、吾々《われわれ》は探究心《たんきゅうしん》によって詮索《せんさく》した極《きょく》の極《きょく》は、この「第一原理」に到達するほか仕方《しかた》がないのであります。例《たと》えば心臓《しんぞう》は何故《なぜ》動くかというとそれは細胞《さいぼう》がこういう具合《ぐあい》な組織《そしき》になって、そういう具合《ぐあい》に血液《けつえき》が循環《じゅんかん》して呼吸運動《こきゅううんどう》がこういうふうになって血液の成分《せいぶん》を新陳代謝《しんちんたいしゃ》させていると、そこのところをまだまだその原因をなお遡《さかのぼ》って、「何故《なぜ》この呼吸《こきゅう》をするのだろう」と、その「何故《なぜ》」のもう一《ひと》つ奥《おく》に、もう「何故《なぜ》?」という事《こと》が出来《でき》ないところの「最初《さいしょ》のもの」――「第一原理」を肯定《こうてい》しなければならないようになる。それが神でありそれが生命《せいめい》であります。何故《なぜ》? 何故《なぜ》? 何故《なぜ》?――かくしてそれ自身《じしん》が始めから存在する不可思議《ふかしぎ》なものに到達する――その不可思議なものが神なのであります。この神というものを摑《つか》もうとする

「第一原理」 哲学で、存在を基礎づける第一の基礎的、普遍的な原因。スペンサーの著作『綜合哲学大系』中の最初の論文の名称

スペンサー Herbert Spencer 一八二〇～一九〇三年。イギリスの哲学者。ダーウィンの進化論を社会学に取り込み、当時の社会思想に大きな影響を与えた。主著は『綜合哲学大系』全十巻

極の極 到達できる最終点を強めて言った語。きわみ

新陳代謝 生存に必要なものが取り入れられて不要なものが排泄されること

努力《どりょく》が総《すべ》ての人間《にんげん》にあるのですから、人間の宗教心《しゅうきょうしん》というものは非常《ひじょう》に奥《おく》深《ふか》いものだといわなければならないのであります。では、もう一《ひと》つ遡《さかのぼ》って、「何故《なぜ》、人間にそんな宗教心があるか」と申《もう》しますと、それはやはり人間は本来《ほんらい》、神から発《はっ》したものであるから、吾々《われわれ》はその本源《ほんげん》のものを見出《みいだ》そうという憧《あこが》れがあるからであります。例《たと》えば吾々《われわれ》は、孤児《みなしご》として親《おや》なしとしてどこかで養《やしな》われているとしますと、「自分《じぶん》の親はどこかにいるかも知れない、会《あ》いたいな」という気持《きもち》が起《おこ》るでありましょう。親に会いたい――この感《かん》じが本源を探究《たんきゅう》したい心である。「自分の身体《からだ》はどこで生《うま》れたか」というのも、自分の生命《いのち》がどこから生《うま》れたか、その本源を探《さぐ》りたいというのも、ともに親を知りたい、親に会いたい、親というものが何《なん》となく懐《なつか》しくて探らずにはいられないその同じ要求《ようきゅう》でありまして、いずれも「もとは一つ」の大真理《だいしんり》より発《はっ》するのであります。本来一つのものであるから、分《わか》れ出《い》でても又《また》一つに逢《あ》い知ろうとする働《はたらき》が起《おこ》るのであります。

（五）

ニュートンの発見致《はっけんいた》しました万有引力《ばんゆういんりょく》というものも、物理的《ぶつりてき》に何《なに》か万有《ばんゆう》引力《いんりょく》というものがあるのだと説明《せつめい》されると、普通《ふつう》の人《ひと》はちょっと満足《まんぞく》するのでありますが、それは人間《にんげん》が言葉の手品《てじな》にちょっと惑《まど》わされたに過《す》ぎないのであります。往々《おうおう》人間は言葉で名前《なまえ》をつけたらそれでもう研究《けんきゅう》が終《おわ》ったと考える場合《ばあい》が多いのであります。「林檎《りんご》は何故《なぜ》落ちるか」と問《と》う人に、「それは万有引力《ばんゆういんりょく》によってだ」と答えると、「ああ分《わか》った」と申《もう》します。本当《ほんとう》に分《わか》ったかというとちょっとも何《なに》も分《わか》っていやしない。それは人間が「落ちる」という働《はたらき》に万有引力《ばんゆういんりょく》という名前をつけただけであって、何《なに》も解《わか》ってやしない。解《わか》っていないというのは万有引力《ばんゆういんりょく》の本体《ほんたい》というものが分《わか》らなければ判《わか》ったといえない。判《わか》らないものに「万有引力《ばんゆういんりょく》」と名前をつけたところが

頭注版㉙一〇一頁

何《なに》も解《わか》らないのです。大抵《たいてい》の人《ひと》はそういう名前《なまえ》をもって満足《まんぞく》するのでありま す。例《たと》えば病気《びょうき》に罹《かか》ると例えばお腹《なか》が脹《ふく》れてお腹《なか》に水が溜《たま》ると、これは何《なん》という病気ですかと医者《いしゃ》に診《み》てもらう。「あ、これは腹水病《ふくすいびょう》だ」という。腹《はら》に水が溜《たま》っているから腹水病には違《ちが》いありませんが、これは腹に水が溜《たま》っていることに名前をつけただけで何《なに》も判《わか》っていないのであります。ところが患者《かんじゃ》は腹に水が溜《たま》っていて「腹水病」だと名前をつけてもらったら、「ああ、あの先生《せんせい》はちゃんと診断《しんだん》が出来《でき》るんだ」と思うのです。それから又腹膜炎《またふくまくえん》という名前をつける医者もある。これは腹膜《ふくまく》に炎症《えんしょう》が起《おこ》っているということで腹膜炎である。病名《びょうめい》をいわれると診断がついたと思われますが、その実何《じつなに》も分《わか》ってやしないのです。腹が脹《ふく》れているから腹に炎症がある、それ位《くらい》の事《こと》は分《わか》っているのです。咳《せき》が出ると、これは気管支加答児《きかんしカタル》だという、何《なに》もそれは分《わか》っていやしないのです。腹膜炎が起《おこ》るのはどういうわけで起《おこ》るのか。気《き》管支加答児《かんしカタル》が起《おこ》るのはどういうわけで起《おこ》るのか。その本源《ほんげん》まで突止《つきと》めて行《い》っ

腹水病　腹膜の炎症や肝臓・心臓・腎臓の疾患などにより、おなかに体液がたまる症状

腹膜炎　腹部の内臓の表面などをおおう腹膜の炎症

気管支加答児　気管支炎ともいう。ウイルスや細菌等による気管支粘膜の炎症。発熱、悪寒があり、咳や痰などの症状を呈する

た時《とき》に本当《ほんとう》に科学《かがく》という事《こと》が出来《でき》るんじゃないかと思うのです。その他神経《たしんけい》衰弱《すいじゃく》とか、神経麻痺《しんけいまひ》であるとか名前《なまえ》は色々《いろいろ》つけますが、その病気《びょうき》の正体本源《しょうたいほんげん》などは分《わか》らないで、症状《しょうじょう》に対《たい》して名前をつけて満足《まんぞく》しているのが多いのであります。

神経麻痺　運動神経の刺激が末梢へ伝わらなくなり、運動が起こらなくなること。また、その分布部位の感覚がなくなること

（六）

頭注版㉙一〇二頁

話が余談《よだん》になりましたが、この万有引力《ばんゆういんりょく》というのも単《たん》に物体《ぶったい》の引く力《ちから》に名前を附《つ》けただけであって、科学《かがく》ではその万有引力《ばんゆういんりょく》の正体《しょうたい》は判《わか》らないのであります。私にいわせれば万有引力《ばんゆういんりょく》とはやはり神の力であるという事《こと》を認《みと》めなければならないのであります。キリスト教《きょう》で神は愛であるとこう申《もう》しておりますが、愛とは何《なん》であるかといいますと、本来一《ほんらいひと》つのもの、本来一つのものが、その本来一つであるということを再認識《さいにんしき》することが愛であるのであ

ります。科学《かがく》も、宗教《しゅうきょう》も、本来一《ほんらいひと》つのものが無数《むすう》に分《わか》れたのが本来一つであるという事《こと》を再認識《さいにんしき》する働《はたらき》で、再《ふた》び一つであるという事を認《みと》める「愛」の働《はたらき》であります。愛というものは「本来一つのもの」が或《あ》る機会《きかい》に互《たがい》に分《わか》れていたのが再び結《むす》び合《あ》う働《はたらき》で、子供《こども》が親《おや》を、親が子供を、妻《つま》が良人《おっと》を、良人《おっと》が妻を、愛する。これは親子夫婦《おやこふうふ》と分《わか》れておっても本来一つのものであるという事を再認識する働《はたらき》で、お互《たがい》に惹《ひ》きつけるのは本来一つであるから惹《ひ》きつけて一つになろうとするのであります。これを愛と申《もう》します。ですから親と子とは互《たがい》に離《はな》れがたく思い、夫婦は互《たがい》に別れがたく思うのでありま す。それを段々拡《だんだんひろ》めて行《ゆ》きますと、単《たん》に夫婦親子だけでなしに全人類《ぜんじんるい》が総《すべ》て一つであり、一つの生命《せいめい》から来《き》たところのものであるという事が分《わか》って、皆《みな》、手を繋《つな》ぎ合《あ》いたいというような感《かん》じが起《おこ》ってくるのであります。これは本来一つであるという事の事実《じじつ》から出てくるのであります。しかしこれはやはり宗教的直覚《しゅうきょうてきちょっかく》によらなければ五官《ごかん》では分《わか》らないのであります。五官で見、肉眼《にくがん》で見ましては各々《おのおの》の身体《からだ》は別々《べつべつ》であり、別々の生活《せいかつ》をしているのでありますから、肉眼で見る限《かぎ》り、本来一《ほんらいひと》つということが分《わか》りはしないのでありまして、ここにどうしても五官《ごかん》を超越《ちょうえつ》した直覚認識《ちょっかくにんしき》によって初《はじ》めて吾々《われわれ》の生命《せいめい》は本来一つであるという事《こと》が分《わか》ってくるわけであります。そうすると総《すべ》ての人類《じんるい》が一体《いったい》であるということが判《わか》ってくる。それをもう一つ深く深めて行《ゆ》きますと、一切《いっさい》人類皆《みな》一つで、生きとし生けるものの生ける生命《せいめい》は一つの神から来《き》ている。皆《みな》一つに手を繋《つな》ぐべきものであるという事が再認識《さいにんしき》されてくるわけであります。その時《とき》には、それを「愛」といいましても、その愛は人類を超《こ》えて一切生類《しょうるい》の上《うえ》にまで「皆《みん》な本来一つ」という感《かん》じが起《おこ》って来《き》、みんなを愛するという気持《きもち》が起《おこ》ってくるのであります。更《さら》にもう一つ吾々《われわれ》の再認識が深まって来て、本来一体だという気持《きもち》が深まりましたならば、生きとし生けるものだけではなしに、無機物《むきぶつ》に到《いた》るまでも、総《すべ》て吾々《われわれ》と等《ひと》しく神の生命《せいめい》の現《あらわ》れであるということが判《わか》ってくるのであります。釈迦《しゃか》は

生類　いのちあるもの

無機物　生物体を構成する有機物でない物質。水や空気、鉱物など

釈迦　紀元前四六三～前三八三年頃。仏教の始祖。現在のネパールに位置したカピラバストゥ城で生まれた。釈迦族の王子だったが、二十九歳で出家。苦行の末三十五歳で悟りを開いた

三十五歳《さい》の十二月八日《がつようか》に菩提樹下《ぼだいじゅか》に坐《ざ》して悟《さとり》を開《ひら》かれましたときに「有情非《うじょうひ》情《じょう》同《どう》時成道《じじょうどう》、山川草木国土悉皆成仏《さんせんそうもくこくどしっかいじょうぶつ》」の相《すがた》を見たといわれました。一切《いっさい》のものが神の生命《せいめい》の顕現《けんげん》である、仏《ほとけ》の顕現であり、本来一《ほんらいひと》つのものであるという再認識《さいにんしき》に到達《とうたつ》せられたわけであります。ここに釈迦《しゃか》は一切の生きとし生けるもののみならず無機物《むきぶつ》までも悉《ことごと》く如来《にょらい》と一つの生命《せいめい》を把持《はじ》する存在《そんざい》である、もう一つい換《か》えるとそこに神の命《いのち》が現《あらわ》れている、仏《ほとけ》の命《いのち》が現《あらわ》れているという事《こと》をお解《さと》りになったのであります。

（七）

この釈迦《しゃか》と同じ悟《さとり》に達《たっ》しますると、この世界《せかい》がすべて神の国土《こくど》であるという事が分《わか》って参《まい》ります。神国《しんこく》の意義《いぎ》もはじめて判《わか》って来《く》るのであります。国土を物質《ぶっしつ》だなどと考えているようなことでは「山川草木国土悉皆成仏《さんせんそうもくこくどしっかいじょうぶつ》」の

有情非情　心の働きを持つものと持たないもの
成道　悟りを開くこと。成仏得道
悉皆　すべて皆。ことごとく
成仏　すでに仏になっていること
把持　しっかりと持つこと

頭注版㉙一〇四頁

意義《いぎ》を明《あきら》かにする事《こと》は出来《でき》ないのであります。今迄《いままで》は単《たん》に科学的立場《かがくてきたちば》だけでもって、この世界《せかい》は物質的世界《ぶっしつてきせかい》で、国土《こくど》も物質《ぶっしつ》の世界であると考えられておったのでありますけれども、そうでなしに、有《あ》りとし有《あら》ゆるものは、神の命《いのち》の顕現《けんげん》であり、仏《ほとけ》の命《いのち》の顕現であり、同時《どうじ》に吾々《われわれ》の生命《せいめい》と同じものであるという事が分《わか》ってくるのであります。そこまで分《わか》って来《き》ましたならば、本当《ほんとう》に国土を愛する愛国心《あいこくしん》というものの本体《ほんたい》も判《わか》って来《く》るのであります。更《さら》に、先刻申《せんこくもう》しました植物《しょくぶつ》が呼吸作用《こきゅうさよう》を営《いとな》み同化作用《どうかさよう》を営んで、無機物《むきぶつ》の単《たん》なる物質が呼吸作用とか同化作用とかの過程《かてい》の奥《おく》に一種《しゅ》の神秘的作用《しんぴてきさよう》があって、自己《じこ》を育て生かし生長《せいちょう》させているというその神秘《しんぴ》な働《はたらき》の本体というものが分《わか》って来《く》るのであります。単なる物質が生命《せいめい》に変化《へんか》するところの過程というものが今迄分《いままでわか》らなかった。物質は物質であるし、生命《せいめい》は生命《せいめい》である。何故御《なぜご》飯《はん》をたべると物質が生命《せいめい》に変化するかという事は、今迄分《いままでわか》らなかったわけでありますけれども、一切《いっさい》の生きとし生けるもののみならず無機物までも神の命《いのち》の顕現《けんげん》であり、仏《ほとけ》の命《いのち》の顕現であるという事《こと》が分《わか》って来《き》ますと、本来物質《ほんらいぶっしつ》でないものを物質だと観《み》ていたに過《す》ぎないのでありまして、物質と見ゆれども本来生命《せいめい》であるから、生命《せいめい》に変化《へんか》する事が当然《とうぜん》であると判《わか》って来《く》るのであります。『金剛経《こんごうきょう》』に「山、山に非《あら》ず、これを山という」という語がありますが、「物質、物質に非《あら》ず、これを物質という」と判《わか》ってまいりまして、今《いま》迄《まで》物質と認《みと》められていたものも本当《ほんとう》は物質ではなく、総《すべ》て一如の生命であった事が分《わか》ってくるのであります。総《すべ》て一如《いちにょ》の生命《せいめい》であったのを吾々《われわれ》が食《しょく》物《もつ》として食べ、それによって生き、栄養《えいよう》を与えられて、呼吸作用《こきゅうさよう》、同化作《どうかさ》用《よう》によって総《すべ》ての物質が生きる生命力《せいめいりょく》に変化する事が分《わか》るのであります。そうなりますと万有引力《ばんゆういんりょく》などというものも自然《しぜん》と解決《かいけつ》されてくるのであります。万有引力《ばんゆういんりょく》によって互《たがい》にひっぱり合うというのも、本来一《ひと》つの生命《せいめい》であるからお互《たがい》にひっぱるという事になるのであります。本来一つでなかったならば、又《また》、生命《せいめい》でなしに単《たん》なる死物《しぶつ》の物質でありましたならば、ばらばら

『金剛経』　『金剛般若波羅蜜経』の略。大乗経典の一つ。特に禅宗で重んじられる

一如　仏教語。さまざまに現れていても、根元の相はただ一つであること

になっていて引っぱるわけでもなければ、お互《たがい》に秩序整然《ちつじょせいぜん》として運行《うんこう》する事《こと》もないわけであります。ここに吾々《われわれ》は、この本来一《ほんらいひと》つの生命《せいめい》というものを直覚認識《ちょっかくにんしき》によって摑《つか》む事によって、国土愛《こくどあい》、人類愛《じんるいあい》から、その物質《ぶっしつ》が生命《せいめい》となるという食物《しょくもつ》の同化作用《どうかさよう》、呼吸作用《こきゅうさよう》の問題《もんだい》から、万有引力問題《ばんゆういんりょくもんだい》、心臓《しんぞう》が何故《なぜ》動くかという問題まで、悉《ことごと》く完全《かんぜん》に解決《かいけつ》される事になるのであります。これは要《よう》するに直覚認識によって認《みと》め得《え》られるので、五官《ごかん》の認識《にんしき》によって、ばらばらの個人別《こじんべつ》の肉体《にくたい》や、個々別々《ここべつべつ》に分《わか》れている世界《せかい》だけを見ているだけでは分《わか》らないのであります。

（八）

では、どうして有情非情悉皆成仏《うじょうひじょうしっかいじょうぶつ》の生命《せいめい》の実相《ほんとのすがた》、すべて一つの生命《せいめい》によって生きているという事実《じじつ》を本当《ほんとう》に認識するにはどうしたら好《よ》いかとい

頭注版㉙一〇七頁

いますと、しばらく五官《ごかん》の認識《にんしき》というものを離《はな》れる事《こと》が必要《ひつよう》であります。それで生長《せいちょう》の家《いえ》では神想観《しんそうかん》によって「吾今《われいま》五官の世界《せかい》を去って実相《じっそう》の世界に居《い》る」とこう念《ねん》じて実相の世界に坐《すわ》っている自覚《じかく》を再認識《さいにんしき》するわけであります。あれを続けております時《とき》に、はじめて自分《じぶん》の中《なか》に生きている命《いのち》は、イエス・キリストがいったように「アブラハムの生《うま》れぬ前《さき》よりある」命《いのち》である、数《すう》十億万年《おくまんねん》の前《まえ》の地球《ちきゅう》がまだ星雲状態《せいうんじょうたい》であったその以前《いぜん》からある命《いのち》である、地球が星雲時代《せいうんじだい》の摂氏数《せっしすう》十万度何千万度《まんどなんぜんまんど》の高熱《こうねつ》の時《とき》にも焼けずに生き続けた生命《せいめい》が自分の中《なか》に生きている。これが本当《ほんとう》に自分の命《いのち》であるということも悟《さと》れてくるのであります。それで、『法華経《ほけきょう》』に於《おい》てお釈迦《しゃか》さまが百千万億阿僧祇劫《まんのくあそうぎこう》から自分は悟《さとり》を開《ひら》いた自由自在《じゆうじざい》な生命《せいめい》である、こういうふうに説《と》かれた。それが法螺《ほら》でもなく本当のことであった事が分《わか》るのであります。どんな危険《きけん》な場合《ばあい》でも、死なずに生きている命《いのち》、久遠《くおん》の昔《むかし》から星雲《せいうん》が発《はっ》現《げん》するまだまだ以前から生きている神秘不可思議《しんぴふかしぎ》な生命《せいめい》そのものが自分であ

神想観　著者が啓示によって得た坐禅に似た観法。本全集第十四、十五巻「観行篇　神想観実修本義」参照

「アブラハムの…」　『新約聖書』「ヨハネ伝」第八章にあるキリストの言葉。「アブラハム」は『旧約聖書』「創世記」に記されているイスラエル民族の伝説上の祖

星雲　雲のように広がって見える天体。銀河系内星雲を「星雲」、銀河系外星雲を「銀河」と呼ぶ

百千万億阿僧祇劫　仏教語。数えることができないとても長い時間

法螺　うそを言うこと。大げさに言うこと。また、その話

って、それがここに現《あらわ》れている。こういうふうになるわけであります。自分《じぶん》の命《いのち》が如何《いか》に尊《とうと》いかという事《こと》が分《わか》ると同時《どうじ》に、その星雲状態《せいうんじょうたい》の以前《いぜん》からの命《いのち》が自分自身《じぶんじしん》だけに生きているのではなく、皆《みん》なに生きている事が分《わか》ってくる。そうなりますと、皆《みん》なが本当《ほんとう》に兄弟《きょうだい》である、万有悉《ばんゆうことごと》く兄弟である、人《にん》間《げん》は無論《むろん》の事、有《あ》りと有《あら》ゆるものが本当に兄弟だと実感《じっかん》されて、総《すべ》てのものが拝《おが》めるようになる。拝むというのはこちらが弱くて一層偉《いっそうえら》いものに頼《たの》むという拝みようではなしに、互《たがい》に尊《とうと》み懐《なつ》かしみ合《あ》って拝《おが》み合《あ》うのでありまして、自分は総《すべ》ての人《ひと》と総《すべ》ての生きものと、生きものだけでなしに、すべての無機物《むきぶつ》とさえも悉《ことごと》く一体《いったい》の生命《せいめい》であり、それらが星雲状態の摂氏《せっし》何《なん》十万度《まんど》の高温《こうおん》に於《お》いても、焼きつくす事が出来《でき》ない、ノアの洪水《こうずい》にも亡《ほろ》びないところの、無限《むげん》生《い》き通《とお》しの生命《せいめい》がここに生きているのである。あなたもそうである、私もそうである、何《なん》と懐《なつか》しいではないかと、互《たがい》に手を繋《つな》いで拝めるようになるのであります。この「本来一《ほんらいひと》つのもの」という直覚認識《ちょっかくにんしき》が総《すべ》ての隣《りん》

ノアの洪水　『旧約聖書』「創世記」に描かれた伝説。神が堕落した人類を滅ぼすために洪水を起こすにあたり、神に選ばれたノアが方舟に乗って難を免れ、アダム以来再び人類の祖となった話

人愛《じんあい》というものの本源《ほんげん》になり、又《また》ものを大切《たいせつ》にする事《こと》の本源にもなるのであります。それが又事業界《またじぎょうかい》に於《おい》て成功《せいこう》する本源にもなります。およそ事業界に於《おい》てさえも本当《ほんとう》に成功しようと思う人《ひと》は、ものを拝《おが》む事が出来《でき》るようにならなければならないのであります。拝めなければそこから無限《むげん》の力《ちから》が出て来ない。鰯《いわし》の頭《あたま》も拝んだら後光《ごこう》がさして病気《びょうき》でさえ治《なお》るのです。そういう総《すべ》てのものを拝んだ時《とき》にそこからそれだけの力が出てくるのであります。ですから吾々《われわれ》は何《なん》でも有難《ありがた》くならなければならない。一切《いっさい》の事物《じぶつ》を観《み》るに、これは釈迦牟尼仏《しゃかむにぶつ》の生命《いのち》が顕現《けんげん》しているのだ、と分《わか》りましたならば、一枚《まい》の紙でも粗末《そまつ》に出来ない。それに内在《ないざい》する百パーセントの力を発現《はつげん》させる事になります。一枚の紙といいますけれども、一枚の紙でもこの本当に拝む心で手紙《てがみ》をお書きになると致《いた》しましたならば、その一枚の紙がどんな働《はたらき》をするか知れない。それはお守《まもり》みたいな神秘的《しんぴてき》な働《はたらき》をしてその手紙を受取《うけと》った人の病気が治《なお》る事もある。或《あるい》は一枚の手紙によって何万円《まんえん》という金《かね》を貸《か》してくれるか

鰯の頭　「鰯の頭も信心から」という諺より。節分の夜に鰯の頭をひいらぎの枝に刺して魔除けとする風習から、つまらないものでも信心する人にとっては尊く思われること

後光　仏や菩薩の身体から発する光

何万円　昭和初期の一円は現在の約二千～三千円に相当するので、当時の一万円は現在の約二千万～三千万円

も知れない。この一枚《まい》の紙ですら、それを如何《いか》に拝《おが》んで生かしたかという事《こと》に、無限《むげん》の力《ちから》が出てくるわけであります。生長《せいちょう》の家《いえ》で物質《ぶっしつ》はないないというのもそこであります。物質はないというのはこれは紙であるから、物質であるから粗末《そまつ》にしようというのでは、その「無《な》い」に捉《とら》われたのでありす。吾々《われわれ》は一切《いっさい》の事物《じぶつ》を見るに神の生命《せいめい》だと見れば無限の価値《かち》が出ますが、これは何《なん》グラムの目方《めかた》で何《なん》と何《なん》との原素《げんそ》が寄《よ》り集《あつま》って出来《でき》たものである、これは単《たん》なる物質であると見れば、それだけの価値しかないのであります。ところが、紙を物質と見ない人《ひと》は往々《おうおう》この一枚の紙を無限の力に変化《へんか》する事が出来る。この一枚の紙に手紙を書く、愛の念波《ねんぱ》を籠《こ》めて書けば、これが何万《なん》何十万の人の命《いのち》を生かすようにも変化する、そうすると本来《ほんらい》物質という限定《げんてい》されたものは何《なに》もないのでありまして、吾々《われわれ》が拝む程度《ていど》にこの物質の価値が変化するのであります。これが物質がないと知った人の出来る手品《てじな》で、無一《むいち》物中無尽蔵《もっちゅうむじんぞう》という手品であります。「無一物《むいちもつ》」といっても、着《き》のみ着《き》のまま

無一物中無尽蔵　すべてを捨てて無一物に徹すれば、宇宙に充ち満ちているすべてのものが我が内に流れ込んでくること

になれというのではありません。「物質《ぶっしつ》なし、唯神《ただ》のみある、唯《ただ》、仏《ほとけ》のみある」と知ることです。それが判《わか》ると、吾々《われわれ》は何《なに》を見ても、本当《ほんとう》にこれを拝《おが》まずにはおられない。一切《いっさい》のものはそれを拝むとき、物質ではないところの物《ぶっ》質《しつ》以上《いじょう》の無限《むげん》の神の大生命《だいせいめい》の力《ちから》を現《あらわ》してくるのであります。およそ生長《せいちょう》の家《いえ》の「物質はない」という言葉は非常《ひじょう》に尊《とうと》い、易《やさ》しい、しかも難《むつか》しい言葉でありまして、往々《おうおう》誤解《ごかい》されるのでありますけれども、こういうふうに考えて頂《いただ》けばその大要《たいよう》は摑《つか》めると思うのであります。

大要　あらまし。だいたいの要点

第四十五巻索引

＊頻度の多い項目は、その項目を定義、説明している箇所を主に抽出した。
＊関連する項目は→で参照を促した。
＊一つの項目に複数の索引項目がある場合は、一部例外を除き、一つの項目にのみ頁数を入れ、他の項目には→のみを入れ、矢印で示された項目で頁数を確認できるよう促した。（例 「愛の生活」「陰陽の調和」等）

〔う〕

〔え〕

〔お〕

〔か〕

〔き〕

〔く〕

〔け〕

〔こ〕

〔す〕

〔た〕

〔ち〕

〔は〕

〔ひ〕

〔ふ〕

〔へ〕

箴言・真理の言葉

新編《しんぺん》 生命《せいめい》の實相《じっそう》 第四十五巻 女性《じょせい》 教育篇《きょういくへん》

母《はは》・妻《つま》・娘《むすめ》の聖書《せいしょ》(上)

令和三年三月一日 初版発行

著　者　谷口雅春《たにぐちまさはる》

責任編集　公益財団法人 生長の家社会事業団
谷口雅春著作編纂委員会

発行者　白水春人

発行所　株式会社 光明思想社
〒一〇三―〇〇〇四
東京都中央区東日本橋二―二七―九　初音森ビル10F
電話〇三―五八二九―六五八一
郵便振替〇〇一二〇―六―五〇三〇二八

装　幀　松本 桂

本文組版　ショービ

印刷・製本　凸版印刷

カバー・扉彫刻　服部仁郎作「神像」©Iwao Hattori,1954

ISBN978-4-86700-014-4

光明思想社の本

谷口雅春著

新編 生命の實相

責任編集 公益財団法人生長の家社会事業団 谷口雅春著作編纂委員会

数限りない人々を救い続けてきた
〝永遠のベストセラー〟！

第一巻 総説篇 七つの光明宣言
第二巻 光明篇 生命に到る道
第三巻 実相篇 光明の真理（上）
第四巻 実相篇 光明の真理（中）
第五巻 実相篇 光明の真理（下）
第六巻 生命篇 生命円相の真理（上）
第七巻 生命篇 生命円相の真理（中）
第八巻 生命篇 生命円相の真理（下）
第九巻 聖霊篇 燃えさかる聖霊の火（上）
第十巻 聖霊篇 燃えさかる聖霊の火（中）
第十一巻 聖霊篇 燃えさかる聖霊の火（下）
第十二巻 実証篇 生長の家の奇蹟について
第十三巻 精神分析篇 精神分析による心の研究
第十四巻 生活篇 「生長の家」の生き方（上）
第十五巻 生活篇 「生長の家」の生き方（下）
第十六巻 観行篇 神想観実修本義（上）
第十七巻 観行篇 神想観実修本義（下）
第十八巻 霊界篇 霊界と死後の生活（上）
第十九巻 霊界篇 霊界と死後の生活（中）
第二十巻 霊界篇 霊界と死後の生活（下）
第二十一巻 万教帰一篇 真理の扉を開く（上）
第二十二巻 万教帰一篇 真理の扉を開く（中）
第二十三巻 万教帰一篇 真理の扉を開く（下）
第二十四巻 教育篇 「生長の家」の児童教育法
第二十五巻 倫理篇 永遠価値の生活学（上）

定価各巻 本体1524円＋税

定価は令和三年二月一日現在のものです。品切れの際はご容赦ください。
小社ホームページ http://www.komyoushisousha.co.jp/

光明思想社の本

第二十四巻　倫理篇　永遠価値の生活学（下）
第二十五巻　人生問答篇　人生の悩みを解く（上）
第二十六巻　人生問答篇　人生の悩みを解く（中）
第二十七巻　人生問答篇　人生の悩みを解く（下）
第二十八巻　宗教問答篇　人生の悩みに答う（上）
第二十九巻　宗教問答篇　人生の悩みに答う（中）
第三十巻　宗教問答篇　宗教問答続篇　人生の悩みに答う（下）
第三十一巻　自伝篇　神示を受くる迄（上）
第三十二巻　自伝篇　神示を受くる迄（中）
第三十三巻　自伝篇　神示を受くる迄（下）
聖詩篇　生長の家の歌
第三十四巻　聖語篇　智慧の言葉
第三十五巻　経典篇　聖経『甘露の法雨』講義
聖経『天使の言葉』講義（上）

第三十六巻　経典篇　聖経『甘露の法雨』講義
聖経『天使の言葉』講義（下）
第三十七巻　常楽篇　久遠常楽の生活
参考篇　心が肉体に及ぼす力
第三十八巻　質疑篇　真理の応用及び拾遺
第三十九巻　教育実践篇　人間を作る法（上）
第四十巻　教育実践篇　人間を作る法（中）
第四十一巻　教育実践篇　人間を作る法（下）
第四十二巻　久遠仏性篇　常楽宗教の提唱（上）
第四十三巻　久遠仏性篇　常楽宗教の提唱（中）
第四十四巻　久遠仏性篇　常楽宗教の提唱（下）
真理体験篇　近眼・色盲等は治るか
第四十五巻　女性教育篇　母・妻・娘の聖書（上）

定価各巻　本体 1524 円＋税

定価は令和三年二月一日現在のものです。品切れの際はご容赦ください。
小社ホームページ　http://www.komyoushisousha.co.jp/